外交的绝响

宋美龄在1943

WAIJIAO DE JUEXIANG
SONG MEILING ZAI 1943

阳雨 著

人民东方出版传媒
東方出版社

宋美龄

宋美龄是 20 世纪 40 年代活跃在国内外政治舞台的重要人物。尤其在外交方面，为取得同盟国的对华支持，起到了重要作用。

1942年6月1日，美国《时代周刊》封面刊登的蒋介石画像

1943 年 3 月 1 日，美国《时代周刊》封面刊登的宋美龄画像

宋氏家族成员合影（前排：宋子安；二排左起：宋蔼龄、宋子文、宋庆龄；后排左起：宋子良、宋嘉树、倪桂珍、宋美龄）

宋庆龄、宋美龄在美国读书时，宋子文和朋友去探望他们（左起：宋子文、宋庆龄、竺可桢女友、竺可桢、宋美龄）

宋美龄（左）、宋子文（中）与宋庆龄（右）1913 年摄于波士顿

宋氏三姐妹

宋氏三姐妹的人生俱是光辉显耀，在20世纪的中国堪称传奇。

蒋介石与宋美龄结婚照

1941 年，宋美龄在重庆

1941 年，蒋介石在重庆

1941年，蒋介石与宋美龄在重庆

面对国难，外敌入侵，三姐妹抛开政治上的异议，重新聚到了一起，为抗战作出自己的努力

宋氏三姐妹视察四川分会第一保育院

宋氏三姐妹出席重庆各界联合会，为抗战作宣传

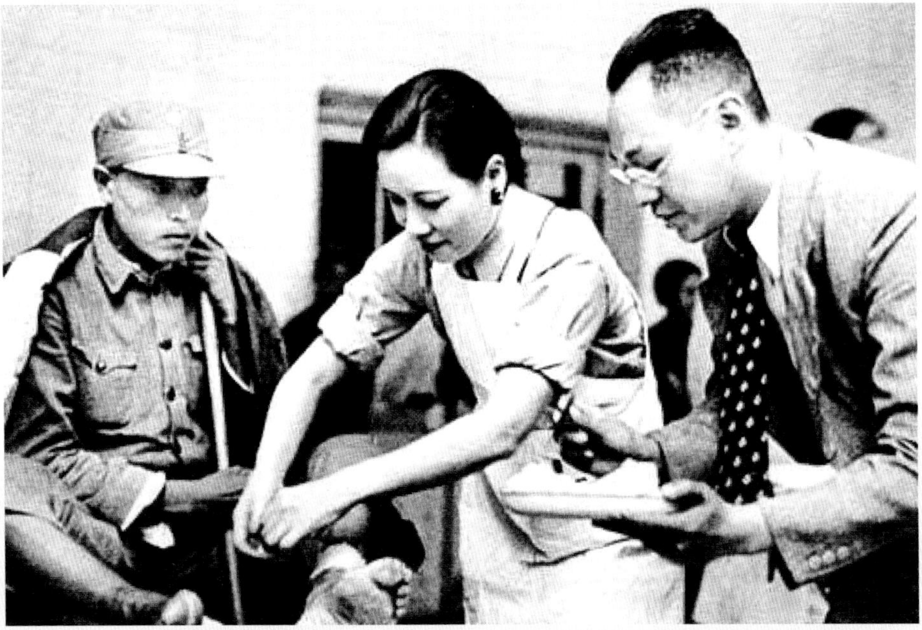

宋美龄慰问抗日战士，亲手为伤员包扎伤口

宋美龄为抗日前线将士缝制衣服

出席新生活运动群众活动的宋美龄

宋美龄与蒋介石接见各国记者

抗战期间，蒋介石、宋美龄经常在家招待各国记者及客人，以扩大其他国家对中国抗战的关注度

重庆，宋美龄给劳克林·柯里上柠檬茶

宋美龄欢迎美国政治活动家温德尔·威尔基到访重庆

蒋介石夫妇和史迪威在缅甸梅苗期间留影

宋美龄与蒋介石的政治顾问拉铁摩尔谈话

蒋氏夫妇会见援华对日参战的美军航空队官兵

1943 年 10 月 10 日，蒋介石就任国民政府主席时与夫人宋美龄合影

1943 年，史迪威代表罗斯福总统颁赠勋章给蒋介石后，宋美龄在招待会上倾身细看勋章

宋美龄与美国总统杜鲁门在一起

蒋介石夫妇与印度主席甘地合影

1943 年 2 月，美国总统罗斯福到机场迎接宋美龄

宋美龄与美国总统夫人伊利诺·罗斯福于白宫草坪合影

宋美龄在美国国会发表演说

宋美龄抵达洛杉矶市政厅

宋美龄访美期间出席参议员午餐会

宋美龄在旧金山

旧金山，小报童出售欢迎宋美龄访美的报纸

1943年4月4日在好莱坞露天剧场面对美国3万名观众进行演讲

洛杉矶唐人街集会上，宋美龄发表演讲，号召华侨募捐支持抗战

1943年11月开罗会议期间，宋美龄任翻译（左起：蒋介石、罗斯福、丘吉尔、宋美龄）

宋美龄正在发表演说

目录

序　论

宋美龄（1897 年 3 月 5 日—2003 年 10 月 24 日），她的人生跨越了三个世纪，是中国近现代史上的传奇人物。由于她在 20 世纪相当长的时期身为“中华民国的第一夫人”，因此在近代中国人中均享有很高的知名度和关注度。但是她在中国政治舞台上最引人注目的是她的外交能力，最大的亮点及本人最引以自豪的是她在抗日战争时期的外交政绩。自抗日战争爆发，宋美龄致力于对外宣传，揭露日本侵略者罪恶，宣传中华民族反抗强权的奋斗精神，呼吁国际社会支持中国抗战。宋美龄不断的宣传与呼吁，对国际社会产生了深远的影响，为这些国家最终改变错误的对日政策起到了一定的推动作用。随着抗日战争的深入，中国国际地位提升，蒋介石夫妇步入世界外交舞台，宋美龄不仅充任了蒋介石外交事务中的助手、翻译和不可或缺的智囊，帮助丈夫扩大了国际视野，扩大了国际知名度，而且亲自走上外交前台，展示自己的外交才华和魅力，为蒋介石争取急需的军援和经济援助，自己亦成为享誉世界的风云人物。1942 年，她随蒋介石访问印度，促成中印共同抗日；1943 年在北美大陆访问，在美国和加拿大国会演讲上，宣传中国抗战，呼吁国际支援，由于她“不仅盛极一时，抑且举世无双”的表现，美国掀起了“宋美龄旋风”，一路得到了许多外国元首都得不到的礼遇和殊荣，成功地博得了美国朝野和广大民众的同情，赢得了“外交家”、“一流夫人”的美誉。人们曾如此评价她美国之行：蒋夫人的演讲态度优雅，解释世局透彻，运用英文之流利灵巧，不但使每一位听众了解她的意思，而且能够与她采取同一见解，这就是当时的蒋夫人的影响力与魅力。“从未有人像蒋夫人一样，曾在美国的首都激发出更多的热情。一位有文化、有品位、有认识、有口才的女士，使我们随着她对自己国家的热爱而沸腾……”。一时间，宋美龄成了中华民族反侵略战争的代言人、著名外交家，由此被美国《时代周刊》评选为全球十大最受欢迎的女性之一。“夫人外交”即在此时落下美名。宋美龄的外交努力的直接成果是，有助于美、英等国公众进一步了解了中国的抗战事业，重视中国战场的战略地位，确立中国在世界反法西斯阵线中应有的地位，促进西方国家尤其是美国政府的对华援助。这对困苦中的中国抗战是大有裨益的。

稍后，在北非开罗召开的大国首脑会议上，她穿梭于各国政界要人之间，成为蒋介石和罗斯福、丘吉尔之间最好的沟通者，为会议争取同盟国支持、通过《开罗宣言》发挥了一定作用。开罗会议发表的《开罗宣言》，以国际首脑会议的形式，宣布包括台湾在内的所有被日本占领的领土全部归还中国。傲慢的丘吉尔都不得不叹服："这中国女人，可不是弱者！"

在抗战胜利后，"夫人外交"仍在继续。在蒋家王朝即将崩溃的1948年，及国民党败退台湾后的1952年、1954年、1958年、1965年，宋美龄仍以"第一夫人"的身份，频频往返于太平洋两岸，充当"亲善大使"的角色，千方百计在美国为蒋氏政权争取经济的、军事的一切外援，并始创"度假外交"，邀请各国名流来台湾，以此打开台湾的困局。宋美龄在对外交往中始终坚持一个中国，反对台湾独立、"两个中国"和"一中一台"，维护了中国领土主权。

宋美龄从抗日战争时期走上外交舞台，到20世纪70年代蒋介石逝世后引退截止，取得了骄人的外交业绩，但与职业外交家相比较，她的外交方式与众不同。她的身份与标签是"第一夫人"，因为她不是一位专业的外交家，不能始终留在国外，也不能以外交人员的身份对外接触、交涉和谈判，但她始终把握好了外交工作中沟通协调这一最重要的环节，并且在沟通的技巧、谈判的艺术方面技术高超，从而成效显著。她在外交方面沟通的方式有两种：一是面对面接触，双向直接沟通；二是通过广播、书信、演讲方式，传播信息，增进了解。抗战以来，宋美龄作为蒋介石的妻子、助手、翻译和不可或缺的智囊，始终参与中华民国的外交事务，她一起参与国际会议，会见各国政要，特别是各国元首与政治领袖；同时出国访问，公开演讲。她利用一切机会尽量与交涉方见面，沟通接触。同时她利用娴熟的英语，向外写书信，对外广播、演讲，具体阐述中国情况和国民党政府的政策、立场，加深了国际社会对中国的了解，扩大了中国在世界上的影响。有人称宋美龄改变了中国的外交走向，这也许夸张了些，但她让中国外交史打下了深刻的美国烙印，这一点是不容置疑的。宋美龄也因此享有了“出色的国民外交家”的美誉。

宋美龄在20世纪蒋氏“外交”史上占有极重要的地位，她在国际舞台上尤其在对美关系中表现了杰出的外交才能和空前的外交影响力，有人因此评论说，宋美龄是“一部活的中美外交史”。她在国际舞台上展示的个人魅力亦让人叹为观止。因此，在21世纪回眸宋美龄当年光彩夺目的外交风姿，了解“宋美龄旋风”的来龙去脉，揣摩宋美龄长袖善舞的细节，实在是一件赏心悦目又受益良多的事。

一、告诉世界

宋美龄的名字最初为国际社会所熟悉，是通过当时的广播和报纸等传媒工具。在抗日战争爆发初期，作为当时中国的第一夫人，同时谙习西方政治、英语水平无可挑剔的宋美龄就认识到对外宣传、与国际社会沟通的重要性，主动担负起这个责任，常以国民党政府的半官方发言人的身份出现在公众面前，利用媒体竭力向美国及世界各国宣传中国的顽强抗战精神，呼吁国际社会支持中国抗战正义事业。由于她身份特殊，对中国抗战和国民党政府的政策立场的阐述权威而准确，加上她的外交和公关天赋，她很快成为中国外交政策的宣传者，中国抗战事业的国际代言人。她优雅的形象、犀利的言辞、悦耳的声音以及浓浓的美国南方口音，大受传媒和听众欢迎。

为了欺骗世界舆论，日本在对中国发动了全面侵略战争的同时，也在国内外大做宣传文章，其中有一位专门负责对美国做广播宣传，时称“东京玫瑰”，企图使人们相信，战争爆发的原因在于中国而不在于日本，日本旅居国外的侨民所办的报刊、通讯社也在大造反华舆论，外国报纸不时转载。同时，抗日战争初期，英美政府对于日本侵略中国的基本行径，犹如对欧洲的希特勒一样，长期以来采取纵容态度，妄图利用日本军阀的刺刀来镇压中国人民的革命运动和北进去攻打苏联。在日本全面发动侵华战争之后，美国政府却声明，它要保持“友好的立场”，要求中日双方“自我克制”，它不仅不去制裁日本侵略者，反而把大量的重要战略物资输往日本，强化日本的军事工业和战争机器。这种助桀为虐的行为，助长了日本侵略中国的嚣张气焰，增加了中国人民抗日战争的困难与牺牲。

面对这种严重局势，中国开展国际宣传，揭露日寇的侵华真相，争取国际社会的同情、支持、支援尤显重要。为此，国民政府派出了一批外交家赴西方国家，顾维钧去英国，留美博士胡适去美国，1940 年又派宋子文赴美，魏道明在法国，为争取西方舆论、扩大对中国抗战的正确宣传和同情中国人民抗战，做了不少工作。而宋美龄在国内充任国际宣传代言人。

向全世界揭露日军的暴行，批评西方国家对日本的纵容政策，宋美龄不仅口诛而且笔伐。起初，宋美龄主要是通过经常接触新闻界，接见西方记者，通过他们的口与笔来宣传报道。例如，她于 1937 年 8 月 25 日接见上海英文《大美晚报》的编辑兼国际通讯社记者福特，向他揭露日报的侵略野心，并从9月6日起开始撰写关于上海战场的新闻电讯。

9月初，宋美龄向路透社特派记者专门谈了中国妇女的战时职责。

9月16日，日军对上海狂轰滥炸，宋美龄再次到前沿阵地慰问将士。离开阵地后，她亲自写下了《令人失望之美国态度》的电讯，批评美国政府撤退上海侨民，禁止船舶运输军火来华的错误做法，指出美国“蓄意阻止中国获得自卫武器，则结果不独为中国之悲剧，亦将成为世界之大患”。

宋美龄搜集了许多日寇暴行的事实，写文章，利用报纸、杂志和广播对美国人民广泛宣传，并揭露美国政府的恐日病，指责它批准把汽油、轻重武器、军用物资大量卖给日本，支持侵略者屠杀中国人民的恶劣行径。宋美龄在文章中指出，在中国战场上缴获和击毁的日方坦克和飞机上有美国制造的零件，毫不隐讳地指责美国在发战争财。美国各大报纸抢着转载。

从1937年9月12日起，宋美龄在南京通过美国广播网，直接用英语向美国民众发表广播演说，讲述发生在中国的一切：

通过日本在中国的所为，你们便可以看到这是一个邪恶、残忍、武装和组织良好、按着预定计划在行动的国家。多年来，日本人一直在为企图征服中国而做准备，尽管在征服中国人民之前，他们无法达到此目的。奇怪的是，似乎没有一个国家愿意阻止日本的行径，这是否由于日本每天广播的大量歪曲真相的消息已被人们相信？抑或世界上的政治家被日本施了催眠术？日本似乎只讲了一句简单而富于魔力的话就使世界陷入了沉默:“这不是战争，而仅仅是一次事件。”日本首相8月28日宣称，日本准备“彻底击溃中国，使其失去战斗精神”。但甚至这句话似乎也没能唤醒世界认清正在发展中的灾难。

正是为了避免这场灾难的发生，各大强国才签署了九国条约，主要是为了使中国免于遭到日本的侵略。他们还签署了凯洛格和平条约，以防止战争；组织国际联盟，以确保弱小国家免于遭受侵略国家的伤害。但说来奇怪，这些条约似乎已化为灰烬，这在历史上迄今还是罕见的。更有甚者，国际法中那些为制止战争和保护平民所逐步制定的复杂的条款，也似乎与条约一道烟消云散了。所以我们又回到了野蛮时代，强国吞食弱国，不但杀戮它们的斗士，还株连他们的家庭、妇女和儿童。日本正是企图在中国这样做。但真正允许条约失效，以及在20世纪恢复大规模残杀无辜人民的野蛮行径的却是文明国家。1931年日本占领东北时，他们允许这种行径在中国发生。1932年日本在上海闸北轰炸沉睡中的百姓时，他们仍保持沉默！……

我们不禁要问，这是不是意味着文明的衰亡？向四周看看，各地成千上万的中国人在飞机的轰炸下，停泊在上海港几里长的军舰的炮轰下，在机关枪和步枪射击下遭到杀戮。看看在凶猛的烈火中被焚毁的房屋和企业。看看那到处是堆满尸骨，血迹斑斑的废墟。看看成千上万逃难中的中国人和外国人，呼喊着，在惊恐逃命。的确，成千上万的中国母亲和儿童在逃亡上海中露宿街头，忍受着饥饿，两手空空，眼看着他们的房屋在大火中化为乌有。看看在他们身上发生的一次悲剧。几天前，数千人在南站等火车时，日本的轰炸机突然出现在天空，向人群投弹，300人被炸成碎片，400多人被炸伤。火车站附近没有士兵，因此这是一场非正义的残酷屠杀。英国在远东的主要报刊《华北每日新闻》的编辑，将这一野蛮行径描绘为“对人类所犯下的最粗暴的罪行”。几天以后，一辆载有几百名逃亡上海难民的火车，在距离上海几里远的松江车站，也遭到了同样的轰炸。300人被炸得粉身碎骨，几百人受重伤。火车上没有一个士兵……

告诉我，面对这样的屠杀，面对房屋和企业的摧毁，西方的沉默是否象征着具有人道主义、行为准则，骑士气概和基督教影响的文明的胜利？世界强国缄默地站成一排，似乎慑于日本的威力而不敢发出一声责备，这种奇观是否预示着国际伦理道德和基督教准则以及行为的灭亡？是否已敲响所谓西方道德优越的丧钟？

你们大概可以从广播中听到炮击声，但你们却听不到(不过我希望你们的心能听到）死亡者的叫喊声，数以万计受伤者的痛苦呻吟声，以及房屋坍塌的巨响。你们也看不到千百万流浪、惊恐、无家可归的无辜人民所遭受的苦难和饥饿，看不到母亲们的眼泪以及她们在燃烧中的房屋所冒出的黑烟和火焰。

她用血的事实揭露日军戕害中国平民的残暴，揭露日本帝国主义的野心，谴责西方国家的自私冷漠。

宋美龄充满感情的声音和文字引起西方媒体的高度重视，欧洲和美国的新闻频频约她写文章和发表讲话。她也因此利用这个阵地广为宣传。

9月20日晨，宋美龄从上海返回南京，途中遭到43架日机的追击轰炸。9时许，日本飞机在南京城西南角投下大量炸弹，炸毁房屋和车辆无数。9月23日，宋美龄再次到上海前线慰劳将士，并写了《长谷川之无礼命令》的电讯，揭露日寇对南京进行野蛮空袭，炸死炸伤无数无辜平民的罪行。

9月29日，10月4日、6日、8日、16日，宋美龄在南京接连发出电讯，向世界各国人民介绍上海战况，揭露日军侵略暴行和日本政府散布的种种为侵略制造借口的谣言，呼吁西方国家，特别是美国政府支援中国的抗日战争。

10月25日写了《日方诬言别有用心》的电讯，驳斥日寇制造的关于中国军队在战场上使用毒气弹的谣言。

10月28日，宋美龄从南京发出电讯，再一次向全世界人民介绍上海战况，揭露日军的凶残和在华北建立傀儡组织的阴谋。11月3日、4日、7日、17日，她又分别以《中国之决心》、《战略的移动》等为题发表电讯，向全世界人民揭露日军残酷轰炸中国和平城市和平民的暴行，并赞扬中国守军用简陋的武器抵抗日军猖狂进犯的奋勇精神。指出日本的残暴行为是西方列强采取“默认日本策略，阻挠中国获得抗战所必需之军械军需，间接给予日方以不少助力”的结果。

12月宋美龄接见瑞典记者李民，揭露日本野心家侵华进而争霸太平洋的侵略计划，呼吁西方国家放弃“中立”政策，支援中国抗日斗争。

1938年1月3日，美国《时代》杂志专题报道蒋介石对外的发言：“……告诉美国，请完全相信我们，战争的形势正在扭转，最后胜利定属于我们……”宋美龄把这个发言译成英文广为传播。

宋美龄对电台发表演说，接受聚集在南京无数记者的采访，还不断地写文章向舆论界呼吁，这个昔日的娇小姐为了受难的国家全力以赴。

宋美龄的一系列演说和广播讲话，直接传入西方社会。由于卓有成效的外交宣传，宋美龄和蒋介石为媒体所接受，成为美国《时代》杂志所认同的“今年国际风云人物”，并作为该杂志的封面人物。

到重庆后，宋美龄的两位姐姐宋霭龄和宋庆龄也联袂来渝，联手宣传中国的抗战大业，促使西方各界人士了解中国的困境，并伸出救援之手。

宋氏姐妹的行动打动了许多善良人的心。美国记者罗比·尤恩森在重庆报道说，“对这三位富有感情和教养的女士来说，这是一个狂乱的时代，一个恐惧的时代，一个悲伤的时代，但这也是她们共命运的时代，她们共同希望和祈求打败日本的年代。”有记者评论宋美龄说：“有两个姐姐的陪伴，她的情绪更高，且很得意。从照片上看到她发自内心深处自豪的微笑，这是动人的微笑。”

在 1939 年 7 月 7 日抗战两周年纪念日，应美国反侵略会的邀请，宋美龄发表了对美广播，敦促美国及其他西方国家履行条约义务，实行对日经济制裁，呼吁美国对中国进行物质援助。

同年 10 月 26 日，宋美龄应美国《纽约前驱论坛报》妇女座谈特刊之约，向美国听众发表广播演说，指出，日寇是在向文明挑战，中国独立抗战已经两年有余，美国应该断绝对日本的物资接济。

1940 年 3 月 21 日，《纽约前驱论坛报》登载了宋美龄的《致美国妇女》一函，她在文中说到：

一场不宣而战的战争所带来的恐怖，已经使成千上万的中国妇女沦为牺牲品。如果人们能注意到她们的悲痛，眼泪以及她们被烧毁的房屋所冒出的黑烟，那么美国妇女一定会在震惊之余，立即认识到这场正在威胁文明的灾难所带来的深远后果。……假如过去曾有过远方战鼓震动的威胁，现在……只有通过联合行动，至少从经济上，才有可能阻止自由和正义的民主思想趋于崩溃，才能使美国，特别是弱小和不幸的民主国家免遭所谓“不可预测的危险”。其实，如果对正在中国所犯下的暴行不是有意视而不见，这种危险是完全可以预测的。无论如何，一些国家曾正式同意尊重我国领土与行政区域的完整。如果我们在遇到侵犯时不履行协议，试问某个国家还有什么作用呢？……据我们的愚见，请允许我这样说，如果某个国家是协议原则的签署国，自然从道义和义务上有责任与其他签署国一道，采取一些措施来制止任何一个敢于侵犯协议原则的国家，当然并非使用武力。中国人还感到迷惑的是，一些国家愿意签署一些似乎颇有内容的文件，但在现实中，在危机到来的时刻，这些文件却又化为乌有……美国已经笼统地阐明了自己的政策，我们表示感谢。但应必须采取具体的措施，迫使日本认识到它对协议的违背，以及在中国所犯下的惊人的非人道的暴行和破坏，将不会得到饶恕和开脱。首先必须毫不含糊地使日本明白，任何以牺牲或侵犯中国的主权和领土完整的代价所换来的所谓和平，都不会得到默认或容忍。……日本的宣传大概已使美国人民相信日本军队已经占领了我国大部分区域。事实并非如此。我们在各地都在抗击他们。凡是肉体和低劣的武器抵挡不住敌人的巨大炮弹时，我们就撤退，但我们并没有被击败。如果能得到武装自己的装备，我们将来也不会被击败。我们正在为保卫国土，为捍卫其他国家亦声称拥护之的原则而战斗牺牲，我们只央求这些国家清楚地表明，侵略者的野蛮入侵和非人道的滔天暴行将不会得逞，对中国和中国人民友好的国家将采取联合经济行动，强使日本放弃其征服中国的邪恶企图。

如果说在抗战初期宋美龄只是在报纸文章和讲话中表达她对西方国家袖手旁观的惊讶、愤慨，那么在以后的几年中，她对他们纵容日本的侵略行径已有理性的认识，了解强权政治的自私与虚伪，“毕竟还是要自己顾自己。”

1940 年日机大轰炸重庆后，宋美龄对美国国会议员发表广播：“我不知你们国会议员是否想到过，如果中国屈服于日机，那将发生什么样的情况？无疑，日本将利用中国的资源转向美国进军，美国也将受到自食其果的惩罚。支持野蛮的日军侵略战争，本身就是不义的。”她一方面严正地谴责美国纵容侵略的不义行为；另一方面强调了中国抗战与美国的关系，呼吁美国重视中日战争，提醒美国“坐山观虎斗”，必然殃及自身。她相信从全球战略看，美国是不会坐视日本独吞中国的。

因此，在中国抗战开始后的4年多时间里，她坚持不懈地呼吁并促使美国政府改变政策。国民党军事委员会政治部还从沦陷区拍来的照片、战地实况，中国军队英勇顽强杀敌，视死如归的记录及一本实录南京大屠杀的《日寇暴行录》的照片集，分发给各国记者。宋美龄也亲自将这些真实资料通过各种渠道源源不断地发向国外。国民政府还出版宋美龄的《战争与和平通讯》、《蒋夫人论集》，送给外国人。

二、如是我观

宋美龄声情并茂的演说，带有真挚感情的呼吁，中国人民团结抗战，誓死捍卫国家领土完整和国家主权而随时准备牺牲的决心，通过报刊、大功率的电台，不断地传送到大西洋两岸，传到每个有正义之心的听众眼中、耳中，引起了一些反响，尤其是对美国朝野人士产生了一定的影响，使之向着同情中国的方向转变。宋美龄一篇报道中国缴获和击毁的日方坦克和飞机中有美国制造的零件的文章，被美国各大报刊争相转载，使得美国民众舆论大哗，对美国国会政策形成很大的压力。虽然在美国孤立主义仍占上风，但是学生上街游行，口号是“反对侵略，支持中国人民抗战!”部分议员向国会递交制裁日本的意见书，主张支援中国。舆论开始向着有利于中国的一方倾斜。几年来，美国只给予了中国极少量的贷款，在 1940 年 6 月，当中国向海外取得援助的惟一道路——滇缅公路被日机封锁，日寇又占领了越南，美国意识到战争脚步的逼近，开始加大对中国的援助。9月，美国宣布对日禁运废钢铁。1940年12日2日，美国国会通过了提供给中国1亿美元贷款的议案。1941年3月，罗斯福宣布《军火租借法案》适用于中国。经过激烈争论，罗斯福总统和军方、外交部门终于决定为中国提供100架P—40型战斗机，并采纳陈纳德的建议，同意预备役军官和从陆军航空队和海军陆战队航空部队退役的人员，以志愿航空队的名义去中国协助抗日战争。1941年6月间这批飞机陆续到货。1941年7月10日，第一批美军志愿人员由旧金山启程前往中国。他们的护照上，显示着音乐家、学生、银行家和农民等五花八门的身份。第二批人员于同年11月来华。1941年8月1日，美国空军志愿队正式在重庆成立，陈纳德为上校指挥官。这就是在抗战后期空战中发挥了重要作用的“飞虎队”。

在太平洋战争爆发以前，美国人民也以各种不同形式支持和援助中国的抗日斗争。1940年9月，“美国妇女援华运动委员会”，发起“希望书”签字运动。在“希望书”上签名的美国公民达数百人，她们还捐赠了3万余美元，并在9月26日举行了赠献典礼，典礼上，当时中国驻美大使胡适代表中国妇女界接受了这份捐赠，并把“美国妇女援华会”的盛意转达给宋美龄。宋美龄立即复电向“美国妇女援华会”致谢。美国的民间组织“美国救济中国难民联合委员会”，对于救济中国难民做出了积极贡献。为了表示对该委员会的感激之情，宋美龄与宋霭龄一起赠送给这个委员会一头熊猫。这头熊猫是华西大学博物院院长格莱翰亲率西康猎户在喜马拉雅山捕获的。赠送大熊猫作为外交礼物，宋氏姐妹确实是首开先例的。这大概是“熊猫外交”的起源吧。宋美龄为传教士写贺词，转达蒋介石对他们的谢意，向捐献者写致谢信。

1941 年 4 月 28 日，宋美龄用英语向英国公众播讲中国的救济事业。但是，英美此时并未把中国当作真正的盟友，一些关于远东防卫协同作战的会议不邀请中国参加。由于英美推行“欧洲第一”战略，他们对于日本的防务安排，主要是向中国提供一些物资，使中国能够支撑，拖住日本，自己则避免与日本交战。更有甚者，美国还与日本派来的特使谈判，为重点支援欧洲和使自己有充足备战时间，准备不惜牺牲中国，与日本签订协定。

11 月 10 日和 12 月 4 日，宋美龄加强了舆论攻势，她在无线电广播里向美国呼吁：“我觉得美国这一个国家，决不会因势乘便，以作便利自己的打算的。美国决不像法西斯国家那样认为牺牲弱小是正当的行为。”宋美龄想努力唤起美国正义感，推动美国坚定支持中国。

1941 年 12 月 8 日，日军空袭珍珠港。受到重大打击的美国政府震惊之余，开始认识到中国抗日力量对于牵制日本，打击在华日军来防止日德联手，使日本侵略势力不能渗入欧洲以及其他地方的重要意义。宋美龄及时对美国广播，措辞更加激烈，指出中国孤军对付凶残的日本 4 年多的不易，及中国对世界正义事业做出的巨大贡献，批评美国以往错误的态度。与此同时，宋美龄还经常写文章或发表谈话，批评美国及西方人的民族优越感。

宋美龄于4月至5月在美国著文，谴责英国在远东作战不力却继续以帝国主义的态度对待中国。4月18日在《纽约时报》发表的《如是我观》一文。该文颂扬了中国军民在抗战中所表现出来的民族精神，抨击了西方人对中国人的错误观念，进而要求西方国家尤其是美国应尽快放弃在华的种种特权。该文以南进的日本势如破竹，英美军队被打得丢盔卸甲、逼得几无喘息之地，而中国军队不久前在长沙大捷，引起国际巨大反响的事做文章，用中国人的坚韧对比西方人的懦弱，一褒一贬，效果强烈。文章写道：

> 过去三个月来，我中国人民以惊奇而难信的眼光，目睹着西洋军队处处对敌人屈降……但我们却拿起武器来对抗敌人。到了今日，快要五周年之久了。
>
> 西方人往往以为中国是一个富于美术的及哲学风度的民族，必不会表现斯巴达式的尚武牺牲精神。我们的行动和事实，已证明这种观念是错误的。投降一事，为今日中国字汇中所没有的；“成仁取义”这句话深深地铭刻在我中国每一个国民的心中。

她要求西方人去掉对中国传统的偏见，重新认识中国的民族精神，重新评价中国的国际地位，而当务之急就是要取消西方在中国的特权。

文中历数了近代西方列强侵犯中国主权，设立租界和享有领事裁判权，把握中国的经济命脉等事实，批评和谴责了这种不平等关系。文章最后指出，“西洋人必须改变他们对东方的观念”，“不应当再有谁是优秀谁是低劣的思想存在，应当人人平等，全世界各民族的男男女女大家携手往崇高的理想迈进。……我们中国的精神力量使我们会度过最恶劣、最艰辛的难关，希望西洋人能够了解这种精神力量的价值。”

宋美龄的这篇文章对美国等西方国家的对华不平等关系进行了有力的谴责，它以中国英勇抗战的事实为基础，进而引申出深刻的国家和民族的平等观念和关系问题，并且巧妙地抓住向来有“优越感”的英美等国在太平洋战争初期的失利而“受垢忍辱”的狼狈，进行嘲讽，促其反省对华政策。

宋文发表后，引起美国政府的关注。美国抓紧废除不平等条约工作，美方为此曾与英方数次交换意见，研究在一个适当时机来取消在华领事裁判权。1943 年年初，终于签订了《中美、中英平等新约》。

随着二战形势的变化，宋美龄的抗战宣传，在西方国家特别是在美国有了越来越大的影响。《伊克论坛报》1942 年 4 月 25 日的社评说：宋美龄的一些讲话和文章，“其力量殊不应予以低估”，

“此非常而显赫之女性，以动人之坦率态度发言，我人深刻了解我人之友朋，固与了解我人仇敌同样重要。”认为宋美龄的发言是“政治战争的武器”。这说明宋美龄在抗战宣传中所起的作用。

宋美龄在抗战初期对西方国家进行宣传，把对他们错误的对日政策的批评直接传入西方尤其是美国社会，为这些国家最终改变错误起到了一定的推动作用。

据统计，在抗战时期，光是宋美龄的对外演讲为：对澳洲1次，对英国4次，对加拿大2次，对印度3次，对美国26次。

迄今保存在台湾“国史馆”的洋洋几百万字的宋美龄思想言论集可以见证当年的一切。

三、出访印度

1942 年 2 月，宋美龄陪同蒋介石访问印度，这是她第一次以“第一夫人”身份出国，因此堪称她在外交舞台上的第一次彩排。

一般人只知道宋美龄游说美国，在美国有过精彩的表现，倾倒了美国人民，却不知道早在印度她就有过不凡的表现。在印度，她陪同蒋介石会见各界要人，广泛沟通，并独自与印度妇女界交流，受到好评。

1942 年 2 月的新德里，绿树成荫，繁花似锦，空气飘着沁人肺腑的芳香。这座 1929 年才由英国殖民者建设起来的新首都，气势宏伟，街道宽阔，城市溶进了印度、英国、罗马的建筑风格，既有式样别致的立柱悬空楼房，又有蓝色苍穹圆顶的清真寺建筑，还有雕梁画栋的楼阁，使人们能够感觉到在古代与现代之间穿梭行走。这里因为隔着印度洋、隔着喜马拉雅山，看不到战争的硝烟，似乎没有受到战争的影响，到处是和平宁静的街心花园，碧草如茵的绿草地，像一块块地毯铺满了这座城市。人们在从容地做着自己的事情。

1942 年 2 月 9 日下午 1 时半，一辆神秘的专列缓缓驶入印度新德里火车站，停在站台对面。车站上并无热烈的欢迎场面，只有少数印度官员和警察站在站台上，显得十分冷清。车门开处，中国战区最高统帅、中国政府军事委员会委员长蒋介石偕夫人宋美龄拾级下车。站台上的印度政府高级官员，急步上前迎接，互道寒暄后，便驱车向总督府邸驶去。原来，蒋介石夫妇是在极端保密的情况下来到新德里的。蒋介石的一身戎装，让宁静的印度感受到战争即将逼近的气息。

当时亚洲的形势的确危急。太平洋战争爆发后，由于珍珠港的太平洋舰队、麦克阿瑟的远东航空大队及英国海军上将“大拇指汤姆”菲利普斯将军指挥的海军舰队均被摧毁，英军、美军、荷军士气低落，不堪一击，日军在东南亚势如破竹，进展极为迅速，侵占了泰国、香港、马来亚、菲律宾、荷属东印度、新加坡及太平洋上的一些有战略意义的岛屿和城市。这样日本征服的地区向东伸展到太平洋，向南已达到澳大利亚沿岸，向西直逼印度海岸，前锋已进入东南亚。同盟国战场上，惟有长沙会战取得了胜利，“际此远东阴雾密布中，惟有长沙上空之云彩确见光彩夺目。”

由于太平洋战争爆发，世界反法西斯战线已联为一体，中国抗日战场的战略地位提升，中国的国际地位也随之提高。1942 年 1

月 1 日，在华盛顿 26 国联合宣言签字仪式上，罗斯福公开宣布了“建立中国战区”的决定。1 月 3 日，白宫公告，宣布蒋介石任中国战区最高统帅，担负指挥中国、泰国、越南地区联军部队的任务，给蒋介石“对于任何亚洲人物从来未有之最高尊崇及最深信任”。这就为蒋介石夫妇步入世界外交舞台提供了契机。为了发挥大国对国际事务的影响，也为了磋商保护已受威胁的中国与外界联系的惟一的国际交通线——滇缅公路，蒋介石决定挟长沙大捷之威，出访印度，一是与英国人商讨协防战事问题；二是调解印英当局与印度国大党之间的矛盾，“劝说印度国大会（印国大党）中的亚洲同种人”，“促进印度对于共同抗敌之全面合作”；三是与国大党取得进一步联系，加强中印关系。

英国对此心存戒备，反应十分冷淡，不愿意别人插手其内部事务，不过考虑到盟国关系和对日战争，只得同意。

当天下午，印度总督林里资哥勋爵在总督府德配大厅内召开欢迎会。驻印英军总司令韦维尔爵士及总督执行委员参加了欢迎会。林里资哥勋爵致欢迎词，蒋介石致答词。会后，又举行了茶会，并请蒋氏夫妇到总督府花园漫步，在泉喷珠雾，树影婆娑中摄影留念。

次日，宋美龄陪同蒋介石会见印度各界要人。晚上总督林里资哥勋爵及夫人在宴会厅以国宾礼设宴招待蒋氏夫妇。来宾有英印高级官员及名流多人，中国方面出席的还有国防最高委员会秘书长王宠惠、军事委员会办公厅主任商震、航空委员会主任周至柔、中央政治学校教育长张道潘以及董显光、陈希曾等国民党政府要员。

2月12日，“全印妇女协会”在新德里爱尔文女子大学召开欢迎宋美龄大会。会上，宋美龄发表了长篇答词，她用流利的英语发表了“动人的演说”。她在演说中，一是揭露了日本侵略者残酷迫害中国妇女儿童的罪行。她说：“日军搜捕中国儿童后为日军输血，并以船运回日本，施以奴化教育，俾其成为出卖祖国的奸贼。”例如，“日军占领东北后，即在1932年，数千中国儿童被日军掳去。”“凡被日军雇充劳工之人，均以鸦片为其工资之一部，千方百计摧残人民之身体与精神。”

二是宣传了中国人民的英勇抗战。

“吾人与敌战斗时，大都以血肉之躯用劣势武器对付之，并于敌撤退之前，凡足以资敌之物资与建设均予破坏”，患难使中国人民团结起来，日本欲征服中国的企图已经失败，我们的努力一定获最后胜利。

三是表达了中印合作的愿望。

“中印两国悠久历史，已使其成为兄弟之邦。中印两国及世界经济与社会结构之二大栋梁于争取民主安全之伟大工作中，中印两国实负重要任务”，现在战争正临近印度，看到这美丽的山川与肥沃的土地，“余即默祷贵国万勿遭受中国所遭受的苦难”。

四是说明了妇女的抗战地位。

中国因抗战而产生无数团体组织，妇女界在其中实占有重要的地位，特别是在救济伤兵及难童中，中国妇女进行了“相当有价值的工作”。

在最后她说：“我们是在艰苦中团结起来的，我们努力的结果，一定可以获得胜利。世界上要做任何伟大的事业，必须有人愿意为此而牺牲，中国就有肯牺牲的人……我是指我们的老百姓而言，他们是无名的英雄！”

2月13日，蒋介石飞往印度西北边省开伯尔，宋美龄没有与蒋同行，她在尼赫鲁的妹妹陪同下前往亚格拉城，参观大哈玛寺炮台和其他名胜古迹。当有记者问她对大哈玛寺的印象时，宋美龄的回答大方得体。她说：“余以为大哈玛寺实为伟丽之建筑。此伟丽之建筑，象征一种较该建筑本身更形伟丽之精神。此种建筑表示吾人之肉体虽可死灭，但精神常存。”

14日晚，宋美龄会见印度女诗人萨鲁吉尼耐都夫人，与她亲切交谈。会见后，女诗人写了《中国复兴之火焰》一诗，表达她对宋美龄的印象。

15日下午，全印学生联合会向宋美龄献上锦旗一面，旗上绣有“英勇之中国学生惠存”字样，请宋美龄将这面旗帜转赠重庆的中国全国学生总会。宋美龄代表中国学生向印度学生致谢，并说她一定将印度学生的深情厚谊转达给他们的中国兄弟。

当天下午，宋美龄陪同蒋介石在行辕内的草场上接见新闻记者，蒋介石发表了简短的谈话后，就由宋美龄回答记者们提出的问题。

有记者问宋美龄，这次访印对印度的印象如何？宋美龄回答说，给她印象最深的是“印度妇女，一如中国妇女，在重建祖国之工作中，将负有重任。此次来印，得晤印度妇女领袖多人，深信印度妇女必能完成此目的。余所晤及之诸位女士，其大公无私之精神，感余甚深，彼等倘为印度妇女之代表，则印度之前途，必较过去尤为光明”。

印度人士对宋美龄做了高度评价。土邦联合主席拉斯·衣·萨尔顿尼在致蒋介石夫妇的信中说：“余之夫人及家属与各界妇女，咸望与尊夫人相见。余甚望彼等有缘得获拜见尊夫人之光荣，彼等认为尊夫人为中国第一位之伟绩女领袖，不仅因尊夫人之地位，而因其多方面之美德及成就故也。”有的主公在拜访蒋氏夫妇时，还捐献印币，为宋美龄做妇女工作之用。

四、圣雄甘地的翻译

蒋介石访印的一大使命是调解英印关系。为劝说国大党放弃“不合作主义”，蒋介石拜会圣雄甘地。

甘地是印度民族运动的领袖，长期从事反对种族歧视的斗争，是不合作运动的创始人。蒋介石临来印度之前，向英国政府表示了见甘地的意愿。

18日上午12时10分，蒋介石夫妇与甘地在加尔各答的一个私人寓所里会晤。甘地见宋美龄英语很好，诚邀宋美龄作翻译，一谈就是5小时。

两人主要就不合作主义进行了探讨。

时近80岁的甘地思维敏捷，语言风趣：

“阁下革命有阁下的武器，我有我的武器，你的武器声音洪亮，我的武器则寂然无声。”接着，甘地说了他的武器——非暴力不合作的起源及过程，认为“它已经给我们国民以希望与勇敢，并且训练了大批民众，起而对抗世界上最大有组织的武力。我的目的就是要用非暴力来完全有效地代替今日世界处处横行暴力。”

蒋介石问甘地所提倡的不合作主义是目的还是方法？是消极的还是积极的？甘地回答说：“我的不合作主义，乃是一种方法；若讲到实际目的，我不仅要与世界爱好和平的人类合作，而且要与英国人合作。”

宋美龄问：“先生以为先生的方法已经获得部分成功，如果时间因素有利，还要用它完全这样做下去，是不是这个意思？”

甘地说：“非暴力政策以来没有失败过，所以我不会让新的形势使我恐惧得无所措。”

蒋介石说：“我认为不必等到日德入侵，不如从英国人手中直接获得自由。先生已艰辛奋斗了41年，时间非短，而革命尚未完成。”蒋的意思是要甘地从世界反法西斯战争大局考虑，正确处理同英国的关系，支持盟国尽快打败日本人，可以早日取得自由。

甘地坚持“不合作主义”这个第一号武器。他说：

“即使独立也不愿以暴力得到，否则我50年的生命史重新写过。我不以为一个日本军比他们更加恶劣，英、美的民主主义是假面具，他们只为了白种人的利益，从黑人手中偷窃了非洲的土地，南非土人可以像兔子那样随便给欧洲人杀害；黑人无论受过怎样的高等教育，在美洲是不准与白人同车的。对于被压迫的民族，任何外族统治者都是一样恶劣，只有印度获得自由方能解脱英国的屠杀或其他外族的屠刀。”

宋美龄说：“黑人与白人同车，在南美不行，北美是可以的。”所以国大党改变政策参加战争，对本身是有益无损的，且与推倒英国在印度统治权之目标并行不悖，殊途同归。

蒋介石向甘地谈到革命有两要素：一曰争取时间；二曰争取同情。蒋认为，争取时间，就是中印两民族此时应切实合作，共同参战，目下实为最好时机。争取世界同情，是因为世界同情的力量比任何力量都大；印度如得此同情，惟有参战。

甘地不同意改变其目前对英国的政策，但是他对中国的抗日表示道义支持。甘地说：抵抗侵略是中印两国应有的共同目标，印度的同情完全寄托在中国方面。他向蒋保证：印度绝不阻挠军队开入中国；印度国大党将采取“不捣乱政策”，绝不做不利于中国抗战的“节外生枝增添灾害的举动，让恶魔自生自灭。”但要“国大党对于战争能有积极和有效的贡献，必须是英国允许印度独立。”因此，他希望蒋介石能对英国施加某种压力，“用压力来使我们相信你的主张，这是一种友谊的压力。”

接着，他告诉宋美龄：“现在我想把我的武器赠送给夫人。”

宋美龄正纳闷时，送上来一架纺车。甘地领导非暴力不合作运动，要求国民不纳税，不买英货，自力更生，丰衣足食。此时送纺车给宋美龄，意思是希望中国妇女努力从事生产。

事已至此，已无再谈下去之必要，蒋氏夫妇只得告辞。宋美龄带走了甘地赠礼——纺车。

五、广播《告印度人民书》

2 月 19 日，宋美龄陪同蒋介石参观泰戈尔国际大学。在欢迎会上，该校领导人赠给宋美龄丝织印式漂亮女服一套。宋美龄发表了热情洋溢的答辞。她说，当她看到印度青年学生时，不禁想起了国内无数青年学生整日生活在日寇的炸弹坦克大炮之下，过着流离失所的生活。她希望印度学生珍惜和平生活，对生活采取积极态度，“以领导人民争取自由平等”，唤起后世之子孙，以赎救自己的民族。

经过半个月的访问，蒋介石夫妇对印度情况有了深入的了解，遂于 21 日上午发表了《告印度人民书》，全文由宋美龄用英语对印度广播。这是一个重要文告，阐明以下几个观点：

一、中印两国有悠久的友谊。中国与印度人口占全世界人口的 1/2，其毗连之国境有 3000 公里之长，其文化、经济关系之历史，有 2000 年之久，然而两国间从未有过一次武力之冲突，此种悠久和平之邦，实为世界上其他国家所未有，此足证明吾两大民族实为世界真正和平之民族。而且中印两国国民之德性，亦有共同之特点，即为舍生取义、杀身成仁之崇尚，所以吾人传统之精神，乃不惜牺牲自己，以达其救世之目的。

二、语重心长地劝印度人民应当积极参加反侵略战争：

> 现在世界大局之形势，只有两个壁垒，凡为国家与人类求自由者，皆为站在反侵略阵线，其间决无中立旁观之可能，凡参加反侵略阵线之同盟者，无论何国，皆系在整个反侵略民主阵线之中共同合作，而非单独与某一国合作与不合作之问题。吾人于此憬悟民族主义在太平洋战争开始以后，乃为时代之一大转变，而各民族求得自由之方式，今昔实亦有所不同。现各反侵略国家皆要求印度国民在此新时代中，尽其应尽之责任，以求自由世界之生存，而印度之将来实为自由世界整个之重要部分。

这里，蒋介石对反法西斯战争形势下“合作”的含义做了与甘地不同的解释，强调了反法西斯阵营的整体利益。他认为一个国家的民族利益应当服从“自由世界”的利益，印度应为自由世界”尽其责任。这反映了蒋介石的大局观念。

三、呼吁英国从速赋予印度更能发挥其精神与物资方面的无限力量。蒋介石对英国、对印政策也是持批评态度的。讲话中希望英国政府采取“有益无损，最贤明”的政策，即“不待人民有任何之要求，而能从速赋予印度国民政治上之实权。”

这个文告在国际上引起强烈反响。

2 月 26 日，蒋介石一行结束了对印度为时 15 天的访问，乘专机飞回昆明。

宋美龄陪同蒋介石出访印度，调解英印纠纷，虽然未能产生明显的效果，但是此行唤起印度人民对反侵略应有之认识，增强其与同盟国共同对日作战之信心与决心，受到许多英国、印度人士的欢迎，也获得了美国舆论界的好评，说明中国开始在亚洲发挥大国的作用。如印度民众对《告印度人民书》反应极佳。每日各地首领到领事馆或去信对蒋、宋表示敬意者有数十起，认为他们访印可“增厚中印友谊，并且亦促进印人对日觉悟。”

国大党党报及各大报告别发表社论，赞颂他们“不辞劳瘁，顾及中印友谊及世界前途，远道飞行，令人景仰，尤盼随时指导”，“早日实行，东方文明，实深利赖。”

美国政府深表关注，各大报纸对此皆有评论。原来在外交政策方面主张不同的报纸现在一致拥护印度独立，并希望蒋氏夫妇能劝告印度贡献全部力量以抗战。认为若能于中国伟大贡献之外，进而动员印期庞大潜力，则所予同年之帮助不可限量。

英国反应非常强烈。上下两院进行了激烈的辩论，上院议员萨慕尔认为蒋氏夫妇的访印与《与告印度人民书》的发表，对印人必有影响，“英政府应鼓励印度各派领袖，自相磋议，提出具体方案，印度危在眉睫，惟中国以为其援助”；新殖民部长兼上院代表克兰彭称“印人自治，亦为英政府之主张，并非消极一味反对”；下院议员倍立夏称：“希政府从速以彻底的普遍的方案接受建议”；保守党议员诺克思则认为：“在目前战事进行期间，对印度作任何政治上之主张，等于狂易”；克利普斯爵士则代表政府谨慎地说：“印度已濒险境，英政府对其统一及作战力量整个问题，十分关注，但兹体事大，政府将召集国会详加讨论。”

英国政府后在公开场合宣称：“印度的独立也是英国的目标，与中国并无二致。”

英国各报纸也纷纷对此评论，观点不一。《斯特导报》称蒋氏夫妇“劝英印两方面觉悟其责任，以远大的目标共谋合作，为惟一解决英属地问题之途径”；接近政府的《每日电闻》则称“印度问题之困难症结，并非英政府不愿满足印度之正当企图垄断权力之要求。蒋氏夫妇访印，必已使此觉悟日本扬言之共荣待遇，与现在印人在英政府统治之下享受之地位，究有不同”；《旁观周报》评论说“告别印度书中，申述世界战争，告诫印民欲达其民族自由思想，须首先战胜各轴心国，主持人类公道，抵抗侵略，为印民建国条件，英方应使印民满足其欲望，印民亦应证明其独立能力，此种开诚布公是朴实中而兼外交。”

这次访问还使中印两个古老的民族加深了认识，增进了相互了解，为战时中印合作和战后中印关系的发展，奠定了基础。

1942 年 2 月 27 日，宋美龄回到昆明。下午，昆明各界妇女代表在训练班礼堂召开欢迎宋美龄归国大会。当地政府官员的太太们，女工和女学生踊跃参加，到会妇女达千余人。欢迎会由云南省省主席龙云的夫人主持。宋美龄在会上致答辞，对战时及战后建国历程中，中国妇女所肩负责任颇有论述，词意恳切，与会听众深为感动。妇女们当场认捐 25 万元，有的妇女摘下耳环，戒指捐献给国家，并当场决定募捐 100 万元，用以救济灾民。

回到重庆以后，宋美龄宣传访印情况，加深两国情谊。3 月 17 日，重庆市开会庆祝“印度日”，宋美龄向印度人民发表广播演说，对她访印时受到的热情接待表示谢忱，并在广播中再次重申中国抗战的勇气和决心。

3 月 19 日下午，重庆各妇女团体在嘉陵宾馆举行茶话会，欢迎并慰劳宋美龄访印归来，各界妇女代表 200 余人参加茶话会，会场气氛十分热烈。茶话会主持人吴国桢夫人致辞说：“此次访印，具有三种重大意义：一、站在反侵略阵线的立场上看，说服印度参加到反侵略的民主阵线中来，对反侵略阵线增添了一支力量；二、站在中国立场来说，中国一向被视为次殖民地，这次蒋、宋访印使中国居于老大哥地位，实为历史上最光辉灿烂的一项；三、就妇女的立场来看，蒋夫人对于妇女界之贡献尤大，由于蒋夫人的才干与人格，获得了世界的尊崇。妇女一般被认为仅可从事社会福利等狭小工作，而蒋夫人已进而协助委员长解决军国大事，替中国妇女界争来无上的光荣。”

宋美龄致辞时说：“印度妇女所欢迎的并不是我个人，而是你们，因为我是你们的代表，一切荣誉应归于你们。目前中国不仅为自身之自由而战，更需协助东方及全世界弱小民族得到自由，否则，在良心、理智与义务上均所不许。罗（斯福）、丘（吉尔）既立大西洋宪章，吾人亦应有太平洋宪章出现。”宋美龄还拿出甘地送给她的那架纺车，指着纺车说：“中国深受帝国主义经济侵略，也很需要这种武器来从事生产，妇女应格外注意。”这说明世界两大民族在道义上的互相鼓舞。

这次外交活动，使宋美龄在国际舞台上声名鹊起。

六、访问美国

在1942年，宋美龄又飞往太平洋彼岸寻求援助。这一次她是单枪匹马独闯美国，却得到了许多外国元首都得不到的礼遇和殊荣，成功地博得了美国朝野和广大民众的同情，创造了“美龄神话”。

1942年8月和9月，罗斯福两次写亲笔信，邀请宋美龄去美国演讲。

这年10月，美国特使温德尔·威尔基到中国考察访问，惊叹蒋夫人宋美龄的风采，盛邀她访美。

这位特使印第安纳大学法学院出身，素有“华尔街赤脚大仙”之称，在1940年底的美国总统大选输给了罗斯福，是美国第一位来华的总统特使。10月4日，宋美龄欢迎威尔基，以“美国援华会”中国名誉会长的名义在两浮支路外交部官舍举行茶话会。会上，宋美龄发表了热情洋溢的欢迎辞，令威尔基非常高兴。威尔基当场邀请宋美龄访问美国，并表示她去美国后，定可获得“轰动效应”。几天后，威尔基对孔祥熙解释邀请宋美龄访美的原因，说：

我是多么坚决地相信让我的同胞了解亚洲的问题和亚洲人民的观点是非常重要的，必须从这个地区派出一个有智慧、口才和道义力量的人来进行帮助，使我们了解中国和印度以及他们的人民。夫人将是一位十全十美的大使。她的巨大才能——而且我知道她会原谅我说出这番私人的话——她对中国的高度忠诚，在美国是众所周知的。她将会发现她不仅会受到热爱，而且会发挥巨大作用。我们愿意倾听她的话，因为谁都比不上她。她既聪明，又有魅力，怀有一颗慷慨和理解他人的心，具有优雅端庄的风度和容颜，加上抱有炽烈的信念，她正是我们所需要的那样一种客人。

威尔基一回国，便把访华感受分10次在报上发表。在谈及中国“第一夫人”时，他不无崇拜地说：

她的才能出众——请恕我这种带有个人感情的说法——以及她对中国的献身精神，在美国是众所周知的。她到美国不仅会受到大家的爱戴，效果也必然可观。她的话比任何人

> 的话都有分量。她具有才智和魅力，还有慷慨和谅解的胸怀，她的仪容优美，风度文雅，她的信念炽热，正是我们需要的人物。

既有威尔基的热烈推荐，罗斯福总统又已发出欢迎宋美龄访美的邀请，为让美国更好地了解中国，1942 年 11 月，中国应邀派出了外交特使宋美龄。

首先，“第一夫人”独自出访美国，有其生活背景作铺垫。宋美龄被称为“西方雕琢的东方美人”。宋家姊妹幼时皆就读于著名的上海中西女塾，这是外国教会在中国开办的第一所收费女子学校，中西女塾教学一律使用英语，甚至连中国历史与地理课本也从美国运来。1907 年 7 月，庆龄、美龄来到美国。其时，庆龄 14 岁，美龄 10 岁。美龄先被安排在佐治亚州梅肯市的皮德蒙特学语文和中小学课程，12 岁的时候，宋美龄进入卫斯理安学院。她的两个姐姐霭龄、庆龄都毕业于此校。由于年纪小，按卫斯理安的老规矩，她连当“特别生”的资格也没有，幸好新院长安斯渥斯主教对美龄特别通融。1913 年，美龄转学到麻州距波士顿 12 里的韦尔斯利女子大学，专攻英国文学与哲学。宋家姊妹在乔治亚州都待了五年，这五年的时间对她们的思想、作风、观念、举止和口语留下深刻的烙印，卫斯理安为宋美龄带来了温馨、快乐的少女时代，同时也是她在知识上的启蒙阶段；韦尔斯利则使她扩大视野，在教育殿堂上更上一层楼，也使她从少女变成淑女。这两个学府的校园生活塑造了宋美龄日后的人生观和生活哲学。当她日后以糅合乔治亚州与波士顿口音的流利英语，向好奇的美国人述说中国的内忧外患与孤立待援；向美国国会、媒体和广大民众阐释古老的中国文化和饱受战乱的中国国情；她以动人的辞藻强调美国是西方文化优秀的标杆，中国则为不朽的东方文明象征，效果是不一般的。因为她的“美国化”，使美国人认同她、仰慕她，并透过这位美国教育所培养出来的“第一夫人”，了解并帮助中国。

其次，她有胆识且才华出众。在西安事变中，蒋介石被张学良将军囚禁，在南京的宋美龄和国民党其他一些领袖制止了何应钦的错误，毅然带领一批官员飞赴西安，在各方之间斡旋，促进了这一事件和平解决，为各派携手准备抗日战争，立下了大功一件。宋美龄后来曾回忆，当她赶到西安看他时，“他惊诧得以为我是一个幻影”。“在他稍微安定之后，他给我看那天早晨他所读的经句中的一句：‘耶和华在地上造了一件事，就是女子护卫男子。’”

抗日战争前，宋美龄出任航空委员会的秘书长，为组建中国空军出力。一个对空军毫无所知的女人担任这个职务，当然是由于夫贵妻荣。她也确实很卖力，协助航空委员会主任周至柔将军，购买飞机，培养飞行员，写文章鼓吹航空的重要性；延揽陈纳德为顾问，到中国帮助整顿空军，为后来的美国志愿航空队——飞虎队（后来改编为美国空军第十四航空队）奠定了基础，也是其功绩之一。

在抗日战争中，她开办小学及孤儿院以抚育遗孤；她亲赴前线慰问，率领妇女看护伤病、亲为将士缝征衣。

慰劳军队，历来是各国第一夫人和妇女领袖们的工作。宋美龄不顾危险，到战火纷飞的阵地慰问将士。1937 年 10 月 12 日为到前沿阵地慰问淞沪抗战的士兵，她在车祸中受伤，断了几根肋骨，仍然坚持把慰问品送到前沿阵地并向士兵发表了演说。这样的英勇行为难能可贵。

宋美龄是蒋介石外交活动的重要助手。所有派到中国的美国军政要员，或国民政府请来的外国顾问，几乎都对这位“夫人”留下深刻的印象。她乐于倾听他们的意见，化解了不少矛盾。

“飞虎队”将军陈纳德在日记中曾记述了 1937 年他与宋美龄的会面是他“终身难忘的会面”。当蒋夫人仪态大方，迈着轻盈的脚步走进房间，兴趣极高地发出格格的笑声时，陈纳德“完全给迷住了”，“她对我来说将永远是公主”，自那以后，就再也没有遇到“另一个能使他那么仰慕、那么尊敬和那么爱恋的伙伴”。后来陈纳德娶了战地女记者陈香梅，还是宋美龄做的大媒。

此时中国需要加强国际间联系与交往。在太平洋战争爆发后，反法西斯国家结盟，宣告要“打击共同之敌人”，日本帝国主义在发动太平洋战争后的半年内，先后占领了菲律宾、马来西亚、缅甸、印度尼西亚，把战火一直烧到澳大利亚附近。直到1942年5月上旬中途岛海战，日军大败，美军才由守势转为攻势，而中国战场上的中国军队却打得很好，沉重的打击了侵华日军。太平洋战争的爆发，使中国的抗日战争成为世界反法西斯战争的重要组成部分，中国的国际地位随之提高。在这种有利的形势下，宋美龄决心抓住这个时机，亲赴美国争取美国政府与美国人民对中国抗战更多的支援。

当温德尔·威尔基来华访问向宋美龄发出了访美的邀请时，也正值宋美龄身体健康情况极差时，尤其是她的皮肤，因长久在外奔波，一直困扰着她的慢性荨麻疹复发，在四川那种多雾的天气下，使她苦不堪言：受伤的肋骨和脊椎骨长久以来因气候变化而酸痛。宋美龄决定以赴美就医为名，去美巡回演讲。

意外地，当她提出这个计划时，竟然受到许多人的劝阻，甚至包括她的家人，不过她毅然决定出行。

宋美龄赴美与西安事变时赴西安救蒋的行动有点类似。为了她那个阶级，那个集团的利益，她不仅要克服晕机带来的煎熬，还要力排众人的劝阻。

蒋介石对于宋美龄赴美十分支持。蒋、宋的朋友《时代周刊》的创办人亨利·卢斯也劝蒋介石让宋美龄去美国演讲，“你让她去一次，比30个师都有用”。

1942年11月16日，蒋介石自重庆致函美国总统罗斯福说：

此次内子之病，承蒙鼎力协助，得以提前赴美早日就医，私衷至为感谢。并得乘此访问阁下与贵夫人，代中正亲致敬意，使中正更觉无上愉快，一若与贵大总统及贵夫人晤聚一堂也。内子非仅为正中之妻室，且为中正过去十五年中，共生死、同患难之同志，彼对中正意志之了解，并非他人所能及，故请阁下坦率畅谈，有如对中正之面罄者也。余深信内子此行更能增进余两人私交及扩展我两大民国之睦谊也。

七、两位“第一夫人”的会晤

11月间，宋美龄在成都搭乘由美国开来的波音307专机飞往美国，陪伴她的有两名护士以及她的外甥女孔令伟。在佛罗里达州棕榈滩停了一晚，改换一架C—54飞机直飞纽约。

关于这一路的辛苦，蒋介石的副官陆以正有说明：

> 这次美国之行的艰辛是非现代人所能理解的：当时只能绕过“驼峰”，却没有夜航设备。但是为了躲过日本人，只能在夜里飞。从重庆到美国的佛罗里达州，一共飞了8天，哪儿像现在十几个小时就可以到了。”这些对患有皮肤病的宋美龄来说无疑是痛苦的。一到纽约，宋美龄就住进了医院，两个半月才治好。

罗斯福总统派代表霍普金斯到机场迎接她。随即，她被安排住进哥伦比亚长老教会医学中心哈克尼斯医院。在那里，宋美龄为了保守她医病的秘密，包下医院整个十二层的房间。

在去医院的路上，宋美龄与霍普金斯进行了简短的交谈。她说："我们中国人在听到日美双方在珍珠港事变前夜还在举行谈判的消息时，是十分不安的。我知道，多亏了像您一样的对日本采取了强硬路线的人在政府中坚决主张无论如何不要损害中国，才防止了这件事的发生。我代表全体中国人民向您表示深深的感谢。"

第二天上午，经由霍普金斯的安排，宋美龄会见了罗斯福总统的夫人埃莉诺·罗斯福。来美之前，宋美龄了解到罗斯福总统是个集邮迷，特派人从上海搜罗来一套从前清到民国各个时期的邮票，赠给罗斯福。罗斯福夫人双手接过，非常开心。

罗斯福夫人是一位心地善良、十分同情中国抗战的人，多年来一直关注中国抗战发展的局势，她欣赏宋美龄为抗战撰写的许多文章和演讲，这时见到身患重病的宋美龄依然风度高雅，言谈谨慎适度，立刻喜欢上了这位来自彼岸的第一夫人。

二人共谈了近一个半小时，会谈气氛极为融洽。

罗斯福夫人在她的回忆录中记述了她们的相见情形：

> 蒋夫人似乎很紧张、很痛苦的样子，她不能忍受任何东西碰到她的身体。有很长一段时间，医生无法缓解她的痛

苦，我认为这是长期紧张、焦虑和中国气候所造成的后果。蒋夫人颇为娇小和纤弱，看到她躺在床上，我心里想，如果她是我的女儿，我一定会帮助她、照顾她。

怜爱之情，溢于言表。

宋美龄于11月28日致电蒋介石告之见面经过：

今晨罗夫人准时到院，妹表示此次来美尽以私人看病，对美国政府并无任何要求。彼即谓美国朝野人民异口同声对妹极为仰慕，均认妹为全世界女界中第一人物，那彼与罗总统亦素钦慕，此次能有机会相晤，窃心庆幸。

谈到美国对中国抗战态度，“罗夫人遂谓应如何改变美人态度，而使美人感激我抗战对美之贡献。妹即谓中国之抗战，乃为全人类而牺牲，今罗夫人即与余不谋而合，真亦称忠。”相见甚欢。

会谈结束时，罗斯福夫人上前亲宋美龄的脸颊，并表示愿与她成为私人朋友。

此后，在宋美龄住院治疗的70余天中，罗斯福夫人常常来问候，两位“夫人”很谈得来。宋美龄从交流中获得不少信息，并向夫人表达对中国没有受到尊重的不满之情。

1943 年 1 月 14 日，美、英两国在北非萨布兰卡举行了商讨对德、日战略问题的会议，因斯大林反对，故未请蒋介石参加，后斯大林亦因苏、德之间进行的斯大林格勒战役而未出席。蒋介石对此极为不满。当罗斯福通过夫人向宋美龄转告与中国相关的会议内容，告之他已和丘吉尔取得协议，英国答应帮助改善中国缺乏飞机的问题时，宋美龄一反常态，滔滔不绝地宣泄久已郁积在胸的不满。她指出，中国是联合国成员之一，有关全球战略问题应由联合国决定，至少应由四强决定，而不应仅由两个国家决定后再强制使其他国家实行，或是以口头通知他们，这不是同心协力的民主之道。如果在战时各国之间不能平等合作，则和平不可能企及。中国遵守大西洋宪章，并为四大自由而战，不是为自己而战。她和蒋委员长曾告诉中国人民，中国在国际上和各国皆平等相对，如今中国却受到不平等待遇，那么中国何必继续作战呢？

宋美龄与罗斯福夫人巧妙地谈论了英国人的态度与对英国首相丘吉尔的印象。罗斯福夫人坦率地认为丘吉尔只可为战时领袖，而不足以领导战后世界。

宋美龄与罗斯福夫人后来还就战后世界妇女问题，对苏联的态度等问题交换了意见。每次会谈都十分融洽。

宋美龄在哈克尼斯医院整整住院治疗了十一个星期。出院后，好客的主人又邀请她住进了海德公园村的总统别墅静养。园中环境清幽，宋美龄一面休养，一面开始思考主人要求的演讲的内容。

其时，美国人已为宋美龄安排了密密的演讲日程表。由于这次的巡回演讲不仅仅是关系到宋美龄个人的形象、声誉，更重要的是事关中国形象、国际声望及中美关系的现状和前景，所以不仅宋美龄严阵以待，非常认真地做准备，据说每篇讲稿和文章都要改七八遍，让白宫的接待人员无所适从；而且从国民党公布的史料来看，蒋介石亦对此十分重视，三番五次拍电报指导宋美龄演讲应涉及的内容。

2月12日，蒋介石对宋美龄准备在美国国会的演讲特意电示说：

> 对美国国会演讲，照来电所述之意甚妥。此外应注意各点，略述如下：一、中美两国传统友谊过去一百六十年间，毫无隔阂之处，是世界各国历史所未有之先例。二、代表中国感谢美国朝野援助中国抗战之热忱。三、今后世界重心将由大西洋移于太平洋，如欲获得太平洋永久和平，必须使侵略成性之日本，不能再为太平洋上之祸患。若欲达成此目的，必须太平洋东西两大国家之中、美国国有共同之主义与长期合作，否则步骤不一，宗旨不明，必授侵略者以隙，如此不惟二十年后，日本侵略者仍将为害于中、美，而且太平洋上永无和平之希望。四、战后太平洋各国应以开发太平洋沿岸之亚洲未开发之物资与解放其被压迫民族，使世界人类

得到总解放为第一要务，盖如此方不辜负此次大战中所牺牲之军民同胞，乃能达到此次大战之目的。五、中、美两国乃为太平洋上东西两岸惟一之大国，亦为太平洋永久和平之两大柱石，此两国同为民主主义国家，且同为爱好和平之民族，将来太平洋能否永久和平与全人类能否获得真正幸福，其前途如何，实以此两大民主国家之注意与政策如何而定，而其责任则全在吾辈，即此一时代两国国民共同之肩上也。

此后，蒋介石仍不放心，又在 13 日连续给宋美龄发来三封电报。在第二封电报中，蒋介石强调宋美龄在演讲中应持不卑不亢的态度：“对国会演讲，语意切不可使听者有训示之感，亦不宜有请求之意，只以友邦地位陈述意见，以备其检讨与采择态度。”他还认为：“应使听众能够移其目光，留心于太平洋问题之重要”，“认定日本为中、美两国共同之敌人，非根本打倒不可。”

宋美龄于 2 月 16 日给蒋介石的回电：

所告卓见非常感佩。妹向国会及各地演说，当予分别遵照电示，总以维持我国家尊严，宣扬抗战对全世界之贡献，及阐明中美传统友好关系为原则。私人谈判，当晓谕美国当局以我国抗战之重要性；公开演讲，则避免细节，专从大处着眼，以世界眼光说明战后合作之必要性。

宋美龄口后应邀在美国国会及各地的演说基本遵从了上述要点。

同时，宋美龄也根据自己与霍普金斯及罗斯福夫人交流的情况及对美印象，提出自己的看法，并电告蒋介石，其中不乏远见。一个电文如是说：

> 妹恐战后英、美、俄又将忙于己身利益，将置我国于不顾。妹意如善为准备，仍可在和议席上争得重要地位也。哀我国家民族徒赤手空拳，亦为兄所怅叹者，惟凭应付得当，或有所成。

1943 年 2 月 17 日，宋美龄一行自海德公园搭火车前往华盛顿。下午 5 点抵达华盛顿联合车站，站内站外人头攒动，挤满了欢迎的人群。让宋美龄受宠若惊的是，罗斯福总统把她迎进座车中，把她接往白宫。并且，这一住就是 11 天。

但是，优雅的客人也有让主人吃惊的时候。罗斯福夫妇在私人小餐厅内举行“家庭晚餐”，宴请宋美龄。席间，罗斯福问她和蒋介石如何处理战时煤矿工人的罢工。宋美龄用—个涂色的长指甲姿式优美地在自己的脖子上划了一道，意思是“砍头”。这使同桌的所有人惊讶不已。罗斯福为了掩饰尴尬，假装大笑起来。埃莉诺在私下里说：“她对民主制度能够讲得很漂亮，但是她不知道怎样实行民主制度。”

八、登上美国国会讲坛

1943年2月18日至4月4日，宋美龄的足迹遍及华盛顿、纽约、芝加哥、旧金山、洛杉矶等地和加拿大的渥太华，先后正式发表了7次演讲。在这个曾经生活过10年的国度里，宋美龄这位中国的“第一夫人”如鱼得水，各种才能得到了淋漓尽致地发挥。

1943年2月18日，对宋美龄、对中国女性甚至是中国来说都是一个重要的日子，宋美龄被美国国会邀请，分别向参、众两院发表演说，成为在美国国会发表演说的第一个中国人。

美国参议院会议厅，会场座无虚席，显然美国人迫切希望了解太平洋彼岸的盟友的情形，想知道他们在干什么、想什么。

12时13分，宋美龄出现在美国参议院会议厅。她身着深绿色中式旗袍，披着亮色披肩，一头柔和的轩发优雅地盘在脑后，她佩戴着价值连城的宝石，纤指上涂着红色指甲油，脚穿透明长筒袜和轻便高跟鞋，庄重大方、风采动人，在美国副总统华莱士引领下走上讲坛。她习惯性地扫视了一下台下的听众，带着微笑，以纯正的美国口音开始发表热情洋溢的演说。

此前，即2月17日，宋美龄接到了美国参议院议员甘纳第来自华盛顿的致函，他在函中说：

吾人对中国之杰出女性，亦即世界公认之伟大妇女蒋夫人竭诚予以欢迎。中国人民英勇克己，勤劳诚实应可钦敬。在吾人昔日移植西部之困难期间，即有华工输入，彼时曾引起一部发国人之惊疑与嫉妒，致华工迄未取得合法地位。自1930年，吾国户籍上亦只有华人43129人，而数月之间则有更多数人欧洲人避难来美。余兹趁蒋夫人光临之吉日提出此案，畀华人以进入美国及加入美国国籍之权利。凡与吾人共危难者，亦将与吾人共享胜利之果；凡与吾人交好博得爱敬者，必将取得吾国公民之资格，藉作是项友谊之表征，祝中华民国万岁，并向蒋夫人致敬。

宋美龄在演说中以此为引子，展开了一段自然而独特的开场白，谦逊而坦率：

余不知今日将在参议院对诸君致辞，初以为仅向诸君问好，略说余乐与诸君相晤，并为我国人民向贵国人民致意而已。不意适值来此之前，副总统临时表示，希望余能向诸君略致数语。

余本非善于临时致辞之演说家，其实余并非演说家；然余亦非绝无勇气。盖数日前，余在海德公园时，曾参观总统之图书室，其中所见，于余有鼓励，使余感觉诸君对于余之临时发言，或不至期望过奢。诸君试思余在该处所见者，究为何物？余所见之物颇多，其最令发生兴趣者，即玻璃橱内有一总统一篇演词之初稿，第二次稿，直至第六次稿。昨日偶与总统提及此事，谓知名而公认为优良之演说家如阁下者，其演说草稿之次数，尚须如此之多，殊使余有以自慰。总统答称，彼演说词草稿有多至十二次者。准此而论，余今日在此临时发言，诸君当能谅我。

紧接着，演讲进入了正题，叙述中美两国的友谊及相似之处，阐述两国的共同理想与目标：

贵我两国之传统友谊，有一百六十年之历史，余感觉贵我民族所具相似之点甚多；余并相信具此感觉者，不仅余一人。此种相似之点，即为吾人友谊之基础。今欲为诸君述一小故事，以表明是项信念。当杜立特将军率队轰炸东京归来时，贵国之壮士有不得不跳伞降落我国内地者。其中一人事后告余，彼不得不自机上跳伞而下，及降落中国陆地，即见民众向彼奔趋，彼乃扬臂高呼其所仅知之中国语曰：“美国，美国。”若就其字面解释，即为美丽之国。该壮士言：中国民众当时高声欢笑，几欲与余拥抱，欢迎状态，有如重睹其久已失踪之昆仲然。彼复告余，彼见我国民众不啻见其家人；而彼之来华，此尚系第一次。余在幼时曾来贵国，认识贵国人民，并曾与之相处。余在贵国度过余身心长育之时期。余操诸君之语言，不但操诸君内心之语言，且操诸君口头之语言。故今兹来此，亦有中见家人之感。然余相信有如见家人之感者，非余一人而已。余感觉中国人民倘能操诸君之语言，向诸君致词，或诸君倘能了解吾国之语言，则彼等常告诸君曰：吾人在基本原则上实为同一目的而作战，吾人具有相同理想，而贵国总统，向世界所宣告之四大自由，已遍传于吾广大国土，而成为自由之钟声，联合国自由之钟声，同时亦即成为侵略者之丧音。

余向诸君保证，我国人民切愿与诸君合作，以实现此种共同理想；盖吾人确欲其勿成空言而成为吾人本身、吾人之子子孙孙，以及全人类所能享受之具体现实。

然此种理想果将如何实现耶？余可向诸君述一适所忆及之小故事，诸君知中国为一极古老之国家，具有五千年之历史，当吾人不得不退出汉口，撤至内地继续抵抗侵略时，委员长与余曾道经长沙战区某前方。一日余等至衡山，山中有两千年前所建磨镜台之古迹。诸君闻此磨镜台之历史，或感兴趣。两千年前，此地附近有一古庙，有一小沙弥，辄至此地，终日盘坐，合手祈祷，日念“阿弥陀佛”，“阿弥陀佛”，“阿弥陀佛”，日复一日，期得福祉。同时庙中住持以一砖在石上磨琢不息，日复一日，周复一周。小沙弥有时举首四顾，以窥住持之所为，但年老之住持依然进行其磨砖工作如故。一日，小沙弥问曰：“住持师父，以砖磨石，究何为乎?”住持曰：“余欲磨砖成镜。”小沙弥问曰：“住持师父，磨砖成镜不可能也。”住持曰：“诚然。此与汝日复一日，自朝至暮无所事事，只知诵‘阿弥陀佛’，以祈福祉者，同为不可能之事也。”诸位友，余因此感觉吾人不但应有理想，并应宣布此种理想，而且应以行动实现此种理想。余今日对贵参议院诸位参议员，以及对旁听席上诸位女士与先生，愿更进一言：吾人之诸领袖，倘无吾人全体积极协助，不能实现此种共同理想。此磨镜台故事之教训，乃诸君与余所宜深切领会者也。

“吾人不但应有理想，并应宣布此种理想，而且应以行动实现此种理想。”这是宋美龄此行访美的主旨，听众心领神会。宋美龄的话音一落，台下全体议员立即站起身来，报以热烈的掌声，长久不息。宋美龄眼角挂着泪花，连连向听众鞠躬致谢。

宋美龄稍事休息一个小时后，在众议院长雷朋的陪同下，又走上了众议院的讲坛，再次发表了轰动一时的演说。

宋美龄的开场白得体而有力：

无论何时，余得向贵国国会致辞，实属荣增，尤在今日，余得向一庄严伟大之团体，对于世界命运之形成有绝大影响如贵院者致辞，尤属特别荣幸。余向贵国国会演说，实际上即系向美国人民演说。贵国第七十七届国会，从代表美国人民之资格，对侵略者宣战，已尽其人民所信托之义务与责任。此为人民代表之一部分职责，早已在1941年履行。诸君当前之要务，乃其协助争取胜利，并创建与维护一种永久之和平。俾此次遭受侵略者一切牺牲与痛苦，具有意义。

紧接着，宋美龄谈了自己此次来美的目的及其印象，真诚地赞美在海外服务的美国人，面对的美国议员：

在未申论本题以前，愿将关于余此次行程略述一二。余自祖国来至贵邦，长途跋涉，观感深切，趣味浓厚。以言余之祖国，则流血牺牲，肩荷抗战之负担，不屈不挠，已逾五年有半。显然，余并不拟申述中国对于共同努力，从残酷与暴行中解放人类所尽之贡献。余试将此行所得之印象，略向诸君陈述。

余首愿确告诸君，美国人民对于分布全球各国之美国作战壮士实足以自豪，余尤念及远处异域偏僻区站，生活至感寂寥之贵国壮士。盖此辈任务，既不能有显赫之表演，并无振作精神之战事，而系日复一日，仅奉命担负其例行任务，如守卫防御工事，并准备抵抗敌方可能之蠢动而已。有人会谓，亲临阵地，出死入生，犹易于日复一日担任低微单调之工作，余之经验亦复证实此言。然而后一种工作，对于抗战之获胜，正与前一种同属为要。贵国若干部队，驻扎在遥远隔绝地点，非平常交通所能到达。贵国若干壮士，必须用临时赶筑之机场，飞行海面，经数百小时之久，以搜寻敌方之潜艇，往往一无所遇，颓然而返。

贵国此辈健儿，以及其他壮士，均系作单调乏味之守候，日复一日之守候。但余曾告彼等，真正之爱国心乃在具有能忠诚执行日常任务之士气与体力，庶使在最后结果中最弱之一环，亦即为最强之一环。

贵国士兵，已确实表现，能沉着坚毅忍受思乡之苦，忍受热带之干燥与酷热，并能保持其准备随时作战之强健身体与精神。彼辈亦属此次战争中无名英雄之列。凡足减轻其烦闷，振奋其精神之一切可能措施均应一一采取。此项神圣责任，自在诸君。就美国军队之饮食而言，固较任何他国军队之饮食为优，但此非谓彼等可长此专恃罐头食物，而健康上不至感受任何影响也。以上所举，殆为战争中之轻微困苦，若一念及世界上许多地方尚有饥馑横行，则更宽上述困苦之为轻微。虽然，天下事亦有难言者，扰人心灵使人烦闷者，往往并非为生存之主要问题，而系琐细之刺激，尤其是在单调无聊生活中所受之琐细刺激，足以令人性情暴躁，心魂欲裂。

余在此次行程中所获之第二印象，即美国不仅为民主制度之烘炉，而且为民主主义之胚胎。余参观各地时，曾于数处晤见贵国空军根据地飞行服务人员，在此辈人员中余即发现有为德、意、法、波、捷及其他国籍人民迁往美国后所生之第一代后裔，其中数人，乡音之重，殊难言喻。然而彼辈因其同远征在外，悉数为美国人，悉数忠心于共同之理想，悉数为同一目的而奋斗，悉数为同一崇高宗旨而精诚团结，既不彼此猜疑，亦不互相争竞。此一事实，益加强余向所抱持之信念与信仰，即对于共同原则之忠心，可以泯灭种族之差异，而且各种理想之相同，乃是对于种族分歧最强之溶解剂。

然后，宋美龄还赞扬了美国先辈不屈不挠的奋斗精神，为开发新大陆所做的贡献，并希望今日的美国人民继续发扬：

因是之故，余此次抵达贵国，不特衷心毫无惴虑，而且具有一种信心，即美国人民正在建立与实施一种确系其祖先所怀抱之立国典型。此种信心，盖见加强而证实。诸君为美国人民之代表，目前有一光荣机会，使汝祖先之开国工作，发扬光大，超越物体与地理限制之疆界。诸君之祖先曾以大无畏之精神，冒不可思议之困难，衣衫褴褛以开发一新大陆。现代人士，无不赞美其精力过人，宗旨坚定，以及成功卓著。诸君今日，当前正有一更无限伟大之机会，可以继续发挥汝祖先所怀抱之理想，并协助完成解放全球各地人类之精神。为求完成此项目的，吾侪身属联合国家，必须尽力加强作战，俾联合国早日获得最后彻底之胜利。

最后，宋美龄在演讲中把话题转向中国，引经据典谈论中国抗战的艰苦：

中国著名兵家孙子有言："知彼知己，百战不殆"。吾人另有一谚语云："看人挑担不吃力"。此等名言，来自明哲久远之古代，实乃每一民族所共有，然而仍有一种轻视吾敌人力量之趋势。当 1937 年日本军阀发动其全面对华战争时，各国军事专家，咸认中国无一线之希望。但日本并不能如其所曾夸称，迫使中国屈膝。于是举世人士，对此现象，深感慰藉，并谓当初对于日本武力，估计过高。虽然，自日本对珍珠港、马来亚，以及南洋一带加以背信无耻之袭击后，战争之贪狂火焰，弥漫太平洋上，而各地域，相继失守，一时观感，遂又趋向另一极端。于是怀疑忧惧之狰狞面目乃大暴露。世界人士由此遂视日本人为尼采所称之超人，在智力上与体力上均超越于其他国人。……日本之武力，必须予以彻底摧毁，使其不复能作战，始可解除日本对于文明之威胁。

宋美龄又将话题转回来，接着说：

贵国第七十七届国会，向日、德、意三国宣战。就其在当时而言，贵国贵会确已完成其工作。就今日而论，则有待于诸君。诸君为贵国人民之代表，当有以指示取得胜利之途径，并协助建立一新世界，使一切民族此后得相处于融洽与和平之中。余岂不可希望，美国国会之决心，乃在尽力于创立战后新世界，乃在尽力于准备水深火热之世界所殷切期待之较光明前途乎？

在谈到个人理想与信念时，宋美龄说：

吾人生于今世，有为吾人自身以及子子孙孙建立一较美满世界之光荣机会。所应牢记不忘者，即一方面固不可抱持过高理想，另一方面即亦必须具有相当理想，庶几未来之和平，在精神上不至成为专对战败者之惩罚，在概念上不至以一区域或一国家甚或一大陆为对象，而以全世界为范围，而其行动亦必须合乎人道主义。盖现代科学，已将距离缩短至如此程度，以致凡影响一民族之事物，势必同时影响其他一切民族。

宋美龄有意拉近中、美两国的距离，以达到争取美援的目的：

“手足”一词，在中国恒用以表示兄弟间之关系。国际间之相互依赖，今既已如此普遍承认，吾人岂不能亦谓一切国家应成为一集合体之分子乎？吾中、美两大民族间一百六十年来之传统友谊，从未染有误会之污痕，此在世界历史中，诚无出其右者。余亦能确告诸君，吾人渴望并准备与诸君及其他民族合作，共同奠定一种真实与持久之基础，以建设一合理而进步之世界社会，使任何恣肆骄狂或劫掠成性之邻国，不得能使后世之人，再遭流血之惨剧。中国虽明知人力一项，乃一国之真正富源，并需累代之久始能成长，然中国在其反侵略战争中，从未计及其在人力方面所受之损失。

中国对于其本身所负之各种责任，深切明了；对于如何而可在原则方面妥协让步以获得种种权益，则从未顾及。中国对于其本身，对于其所珍爱尊重之一切，亦决不稍降品格，而循商场中市侩之行径。我中国国民，正与诸君相同，不仅为吾个人本身，且更为人类全体，希望有一较佳之世界；实则必须有此较佳之世界。然仅宣布人之理想，甚或确信吾人具有此种理想，尚嫌不足。盖欲保存、支撑，并维持此等理想，有时必须不惜牺牲一切，甚至甘冒失败之危险，以努力促其实现。吾人已故领袖孙逸仙博士所示之训范，已给吾国人民奋斗前进之毅力。我中国人民根据五年之半之经验，确信光明正大之甘冒失败，较诸卑鄙可耻之接受失败，更为明智。吾人将有一面信念，即在订立和议之时，美国以及其他英勇之盟友，将不致为一时种种权且理由所迷惑。

最后，宋美龄摆脱俗套，以极富诗意与哲理性的话作为结束语。她说：

个人之品德，于困厄中验之，亦于成功中验之。以言一国之精神，倍加真确。

话音一落，掌声四起，经久不息，议员们一再起立欢呼，气氛十分热烈。

宋美龄在美国两院的演说，通过无线电波向全美广播，引起美国听众的强烈反响。各界人士纷纷写信向宋美龄致敬，还有许多人邀请宋美龄去观光、演讲，一连几天，每天收到信函多达三四千封。宋美龄的名字频繁见诸报端。美国各界报刊杂志对宋美龄的演讲纷纷发表社论和评论，一时之间，全美掀起了一场赞扬宋美龄的旋风。

罗斯福夫人称赞宋美龄的演说“不仅盛极一时，抑且举世无双”，“当余目击蒋夫人衣中国服装沿甬道步上讲台时，几为四周拱立之人所遮蔽，余不得不对伊之成就感荣幸，乃当伊发言时，已不复为妇女，而为以实力斗争于世界各战场最前线之伟大人物矣!”

《生活》周刊一位记者报道了她在参议院的即席演说情况，如是说：“议员们全都被夫人的风采、妩媚和才华吸引了、惊愕了、缭乱了。在议员们全场起立，热烈鼓掌达四分钟之久以后，蒋夫人开始了演讲，她的主题是：战胜日本比战胜德国更为重要；美国应该让她的人民去中国战斗，而不应该在太平洋花费那么多的力量，当她说到，经过五年半的抗战，中国人民相信，‘与其忍辱接受失败，不如光荣地冒失败之险，去争取胜利’时，欢呼的掌声达到了高潮。”

另一些报刊则如此评论宋美龄的演讲：“蒋夫人……举止端

庄，说一口地道的英语，声音柔美。”“议员们被她的优雅风度、妩媚和智慧迷住了……惊愕万分……完全倾倒了。在议员们长达四分钟的起立欢呼之后，她开始讲话……”“宋美龄在国会发表的讲话像一篇加以修饰的散文，发表的材料同样富丽堂皇，但它取得了很大的成功……”

这两次演说的主要特点是力图让美国人了解抗战中的中国，中国是美国志同道合的伙伴，美国应尽最大力量支持中国抗战。

议员凡登堡被宋美龄的演说感动得流下了眼泪，并说：“蒋夫人在参议院之即席演讲，为本人列席国会17年以来最佳之演讲词，预料国会必能实际援华，不徒以空言塞责。”

当晚，宋美龄在白宫精心安排了一个答谢宴会。在这次中国式的传统宴会上，应邀而来的罗斯福总统夫妇及白宫幕们，在领略了主人既有文采又有思想，像一篇优美散文的祝酒词后，再次发出惊叹：“果真是个外交家！一流的夫人！”

九、与众不同的特使

为了让美国人民多了解新盟友——抗战中的中国，第二天，罗斯福亲自把宋美龄这个“最可爱的贵宾”介绍给记者。宋美龄也没让罗斯福失望，在记者会上唇枪舌剑，充分显示出她的机智与敏锐。

2月19日上午10时45分，宋美龄与罗斯福在白宫椭圆形办公室联合举行记者招待会，美国各报记者蜂拥而至，出席达173人，人数之多，实属空前，这个场合的影响力绝不亚于国会演讲。

这天，宋美龄的打扮别出心裁。她穿了一套礼服，胸前佩戴了中国空军的双翼徽章，这样显得很庄重，同时意味深长：即在美国记者面前表明她同中国空军的特殊关系，也暗示已坚持近6年苦战的中国迫切需要更多的飞机和弹药。有人描述了当时的场景：宋美龄看起来很像一个睁大眼睛的孩子，她坐在大转椅的边上，小脚还够不着地板。表情严肃的罗斯福夫人坐在宋美龄的身边，一只手放在宋的手臂上，表示保驾的意思。罗斯福坐在宋美龄的另一边，他轻松自如，显出是一位对付新闻界的能手。

罗斯福总统简单地向报界引见了宋美龄，并说宋是一位“与众不同的特使”。说到这里时，他开怀大笑起来。

宋美龄斟词酌句缓缓地说：

余在中国时曾与蒋委员长亲历前线各处，对于日本人之刀剑从未感觉其可惧，而于今日面对如许之铅笔沙沙挥舞于速记本上时，一时反生恐惧之感，诚如谚语所谓笔锋强于刃剑。但余目睹诸君笑容可掬，复使余感觉置身于良友之群，则亦无所用其恐惧，且所谓使机巧之问句，余相信不致发生。

一席开场白让记者们心里异常舒坦，同时让他们对这个娇小的东方女人不敢小视。开始向宋美龄紧紧追问一些颇为敏感的问题。

记者：“夫人来美有何正式使命，抑系私人性质？”

宋：“并无正式使命，余来贵国首为健康问题。”

记者：“舆论上对于援助中国，确无二致，但曾微闻有人谓中国并未充分利用人力作战，夫人对此有何意见？”

宋：“吾人不能徒手作战，有若干配备，即用若干人力，吾人毫无空军掩护，但已抗战5年半，所谓中国未充分利用人力一说，完全不确。”

记者：“在华美国空军对于中国军民之影响如何？”

宋：“战事初起时，吾人只有飞机数百架，后随战事之紧张与持久而逐渐丧失……迨贵国志愿空军来华，屡创日机，造成辉煌之战绩，日机始不敢任意乱炸城市，至于志愿队在华最大之效果，厥为使中国人民认识已非单独作战，而有美国共同作战。中国现所需要者为军火，其要点在如何可使得飞机与汽油，贵国总统已经克服许多困难，余意此一问题，还须请总统解答。”

记者们微笑着，眼看着宋美龄如此巧妙地把难题扔给了罗斯福。罗斯福有条不紊地说：“现最难解决者为运输问题，吾人不能横渡大洋，亦不能经由俄国，只能从中国西南飞航……吾人正在尽力设法，将来援助必能相当增加，此不仅为情感问题，实为整个战事胜败问题……此乃吾人确定之政策，必当竭力促使实现，上帝许吾人如何快，吾人即如何快。”

记者：“夫人有无具体办法，使吾人对华援助可以迅速增加？”

宋：“顷间总统曾谓上帝许君等如何快，君等即如何快，余可补一句：上帝助自助者。”

宋美龄在记者招待会上的表现同样征服了参加会议的记者。一向以冷酷著称的美国新闻界，一反常态，对宋美龄大唱赞歌。事后记者中有人说：“宋美龄笔锋强于刀剑，而她的词锋更胜于笔锋。”

专栏作家雷蒙德·克拉波对宋美龄的机敏回答感到目瞪口呆，他说：“总有一天他们可能让海伦·海斯来扮演这个角色，但是她决不会比现实生活中的蒋夫人演得更好。”（转引自佟静：《宋美龄大传》上，第470—472页。）

在华盛顿期间，宋美龄一行还于2月22日到佛能山拜谒了华盛顿夫妇陵墓，并献了花圈，还参观了华盛顿故居。

2月24日，宋美龄出席罗斯福夫人举办的女记者招待会，并当场驳斥了某记者提出的挑衅性问题。

当记者问道：“战后多少中国人需要美国供给粮食”时，宋美龄收起一直明媚的笑容，严肃地回答说：“中国无论在战时或战后，均不期望美国供给粮食，所需要者厥为军械……中国人民虽穷，傲骨尚存，决不受他人施惠，亦不受无偿之物，惟具有友谊性质之赈济，则中国人民自然感激不置……至于军械，美国既为民主国家之兵工厂，自应负接济之责任，盖中国战士以血肉抵抗共同敌人，美国对华之租借援助在中国观之，乃在尽其友情与盟义。”

宋美龄在台前占尽了风光，但她没有被胜利冲昏头脑，与美国要员磋商，一心想落实战果。霍普金斯在备忘录中写道：“蒋介石夫人要我在星期六下午去看她，我和她做了一个半小时的谈话。虽然她声称她和总统的谈话还不错，并预期明天和总统的谈话亦会让她满意地结束此行，但我察觉到她对这趟访问不是很愉快。

她非常坚持提供给新成立的第十五（第十四）航空队的飞机必须准时送到，并说：我们不想要那些无从兑现的诺言。总统曾告诉我那批飞机会准时到（中国），他绝不能让我无法向委员长交代。”

宋美龄也做出了承诺，“她又向我详细说明对战后世界的看法，第一个主旨是我们可以确信中国在和平会议桌上一定会跟我们做伙伴，因中国对罗斯福和他的政策有信心，基于这种信心，中国愿意先做承诺。她告诉我说，她认为应尽快采取一些行动俾使四强讨论战后事务，而罗斯福应为这项会议的主席。”

十、荣誉市民

在美国，宋美龄一点儿也不敢松懈，她要把握这个大好的机会，在各地巡回演讲，唤起美利坚大众热情，敦促美国政府加大对中国抗战的投入。2月28日晚上，宋美龄一行坐火车离开华府，前往纽约，展开她“征服美国”的行程。

纽约是美国的第一大城市和最大海港，是工业和金融中心，财阀聚集地，赢得华尔街大亨们的全力支持，同样重要，因此她把纽约亦作为攻关重点。不过对此她充满信心，因为有众多的老朋友在这里督阵，心理压力比在华府时要轻得多。

果然，老朋友们鼎力相助，造势的能力亦是一流的。《时代周刊》杂志创办人卢斯与约翰·洛克菲勒亲自担任“纽约公民欢迎蒋夫人筹备委员会”的主任。这个委员会由270名纽约的有势力的人物组成。

3月1日上午8时40分，宋美龄抵达纽约宾夕法尼亚车站，纽约市市长拉加第亚和中国驻纽约总领事于俊吉等近百名中、美人士到车站迎接。宋美龄接受了林如斯（林语堂之女）、赵绣澳（侨领赵鼎荣之女）两位少女的献花。宋美龄登上装甲车，以摩托车警察队为前导，随从人员分乘16辆汽车跟在后面，浩浩荡荡驶向豪华的华尔道夫大饭店。宋美龄住在第42层套房，此后在纽约居停期间即以此大饭店为其行宫。

稍事休整，宋美龄于11点半出席纽约市长为她举行的欢迎会，登上市政厅外广场上的高台，与纽约1万余市民见面。

在市政厅内，宋美龄因体力不济，几乎晕倒，经护士照料后，意志坚强的她坚持继续参与预定节目。她不能让大家失望。

市长授予宋美龄为纽约市荣誉市民，并致欢迎词。宋美龄当即发表演说，主题是中国抗战的目的不仅是为了中国人，而且是为了正义和世界和平。她激昂慷慨，使人浑然不觉是刚才欲晕倒了的弱女子，人们只听到柔美的声音在耳边回荡：

今日诸君所加予余之光荣，使余感动极深，已毋庸赘述。当拉加第亚市长言及中国时，余极愿我全国同胞四万万五千万人咸能倾聆，因余知渠所言者，非为其一人之情感，而为全纽约人民之情感，而纽约尤为全美国之代表，故彼所言者，非仅为纽约，且为全美国人民之情感。市长倾述及中国谓，国土遭人侵占已五年又半，此诚为事实，但余愿率告诸君，吾人虽感痛苦，但依然能忍受，盖吾知美国人与吾人站在同一阵线，吾人皆了解美国之同情善意及友谊。如吾人认为仅孤独作战，而作战之目的仅为中国，则余愿坦白承认中国或已非复今日面目，而已被征服也。吾人感觉正义必能存在，且知美国必认识并感觉其危险性。或则最好之解释方法，乃将市长演说时余突然忆及小故事一则，奉告诸位；两千年前，正当建筑长城之秦始皇时代，广西省内有河流两条，不时泛滥，人民被灾难惨死者达数千人。秦始皇派高级官员一人前往筑堤防灾，固未能成功，被罚处死。秦始皇于是另派一官，结果亦相同，迨派第三人时，筑堤成功，而受殊荣。去年余与蒋委员长旅行某地，发现三墓，余怪问其故，所得答复为："三者皆为筑堤防灾之墓，其中二人失败，一人成功。"余因又问成功者何以与失败者同葬。答者当谓：第三人成功，身获厚赏，但渠拒绝受赏，而竟自尽，并谓，渠不欲以旁人之失败，而使己身获利也；易言之，即彼不愿他人所付之生命代价，以裨益其本身也。余感觉美国人民亦有同样正直德性。彼等不肯以他人所付之自由代价，而本身享受其利，我言然乎？此种高尚正直及愿为共同目标而共同忍苦工作奋斗之感觉，即为中美两国人民共同之立场。

中午，宋美龄出席纽约华侨团体为她举办的欢迎会，并用汉语对华侨讲话。

根据预先计划，宋美龄应该出席晚宴，因为卢斯和约翰·洛克菲勒邀请美国名流多人及美国东部九州州长作陪，因为是老朋友，宋美龄也不再硬撑着强打精神，说明原因，没有应邀，乃改第二天。当晚只由卢斯陪同各州长及约翰·洛克菲勒等人到旅邸会见宋美龄。

3 月 2 日晚，在麦迪逊花园举行了有 2 万余人参加的盛大的市民欢迎会。欢迎会由约翰·洛克菲勒主持，会场布置得庄严而又华丽。

8 时半，全园灯光转成淡蓝色，中国男女儿童 100 余人身着中国服装，手提丝制小灯笼鱼贯入场，作为开幕的先声。接着，美国海、陆军仪仗队，手持旗帜，步向讲台。洛克菲勒宣布欢迎会开始，歌咏团高唱中、美两国国歌。纽约市长拉加第亚致讲话后，纽约各界代表、名流纷纷致辞，表达他们的心声。

宋美龄因为身体不适，9 时 46 分才到会场。她一出现，全场起立致敬，鼓掌声，欢呼声响彻云霄。宋美龄为大家的热情所感动，频频点头，向众人致谢。

宋美龄登上讲坛发表演说，这被称为是宋美龄赴美的第二次重要演说。开始演讲时，全场灯光全熄，寂静无声。一束银光由屋顶射入讲台，百余中国儿童手提灯笼，分成两排坐在台前，灯笼里发出柔和的光，场面庄重而圣洁。

讲坛上，宋美龄语言清晰而流畅：

余亦固愿应诸君之情，参观贵国各州、各城、各学校教学及其他组织，所憾者，即诸医士不许余依本人所深愿而应诸君之敦请。在六年长期战争中，余所遭之紧张情绪，欲于十一周内，求健康复原，为时不久，且余尚须尽量保存精力，以便返国继续工作，诸君一念及此，必知医士所嘱之为明智也。

宋美龄痛斥法西斯魁首的狂妄无知，褒扬中华民族的克己精神：

吾人生于今世，幻想未来，但可自过去求得永久之真理。以一国而自信能自给自足，其为不合理，正犹以一人而自夸能无求于社会，独自有其成就。国家以及个人，均仅为过去与未来之连锁。故吾人于努力避免以往各种文化各个王朝与各代制度所由覆没之陷阱时，倘能体会中国古谚“前车之鉴”之深奥意义，当觉其饶有趣味与价值。此种陷阱为数甚多。惟最深最广之陷阱厥为自豪。多少人骄傲恣意，自以为可无所顾忌，永远藐视人类根深蒂固之正义感与公道感，率被此自豪之陷阱所吞没，不啻昨日，希特勒尚言：“在斯大林格勒之德军，决非人力所能击退。”试问此批德军，今果安在哉？复次，1937年7月，近卫文麿尝言：“吾人将于三个月内，使中国屈膝。”然自近卫做出此语以至今日，试问有多少个三月已成过去，而中国固仍抗战如故也。此二人为侵略色彩最浓厚者，其所发之言，盖即基于其不正当且疯狂之自豪。惟另有一种正当之自豪，而我国人民所具有者，即此种自豪也。余忆及重庆两事，足为余所称正当自豪之证明，重庆第一次惨受空袭后，（其后空袭日益猛烈）曾有若干施粥所之设立，以救济家室被毁而无力自炊者。惟难民中谢绝救济者颇不乏人，自谓所受之痛苦并非甚于他人，理应自行设法。经告彼辈对于全国反侵略之工作，业已有所贡献，故接受施粥，为应得而无愧者，彼等始允领受。复次，委员长与余因敌机之轰炸，曾将自用汽车数辆交疏散人口机构作疏散之用。但被疏散者一知此汽车之谁属，即认为领袖及余对国家之重大责任，不容因之有所阻滞，故谢绝乘坐。

面对美国民众，宋美龄感谢了近几日所收到的美国民众从各地给她寄来的信函及捐赠，同时说明中国是一个懂得感恩的民族，记得美国人民自抗战以来对中国的哪怕是微小的捐赠之谊，但中国却为建立自由正义之世界牺牲了一切，指出中国有坚毅的奋斗精神，英勇斗争，但是要让正义与自由战胜暴力，必须不论国家大小充分尊重，真正合作，不能听之任之，否则会无能为力。她从现实到历史、又从古代到现在，娓娓道来：

今日我国人民，对美国之态度，实为此种自豪所支配。美国人民对于吾人努力于共同作战所畀予之援助，吾人具有真诚与热烈之感激。吾人并非于此次访问美丽之贵国后，始明了贵国人民对我国人民情谊之深切。吾人日受被侵略国人民所必须忍受之艰难困苦。在此触目伤心之数年中，吾人知贵国之同情于我，而更努力前进。余曾收到贵国人民自大城市及小村镇所发之函电，不可胜数。发函电者有商人、有农民、有工人、有教授、有教工、有大学生，有勤劳而为人母者，甚至有幼小儿童。又曾收到捐款多少不一，源源而来，有捐助一两元或少于一两元者，且往往附述其愿望，希能作更多之捐助。此相赠款，在捐助者固属真正之牺牲，而在吾国人民视之，则每一款项，不啻值千百倍，且因捐赠者之美意而益见珍贵。诸君过去与今兹对吾国身受痛苦之人民所予以援助，吾人实不胜感谢。尤以在此次世界战争中，吾人正不惜牺牲吾民族之精华，并牺牲吾人所有之一切，以期有所贡献于此次大战而建立一自由正义之世界。余为此言，实因余感觉应将今日中国人民之思想，与此思想所依据之民族性奉告诸君。

吾人不必深究世界历史，即可从罗马与波斯两帝国以及拿破仑所创昙花一现制度之命运中，获得教训。轴心国家之所为，已证明其只知尊重暴力，不知尊重其他。联合国家所代表之世界，真普遍趋势，实为明显而不可遏抑，有如哈得逊河冬季顺流而下之巨大冰块。巨大而急进之时代潮流，现在趋于世界之正义与自由。为求促进此趋势，吾辈身在中国者，曾在过去长久之六年中，以流血证明吾人弃绝一种不抵抗之屈辱哲学，即以徐徐之绞杀，较为仁慈之哲学。然世界其他部分亦有若干人民认为如果毫无希望，不如不战而避免战败之痛苦，并不妨漠然不问，一切听任上帝之安排。但吾人却将坚持此一项信念，即除灭种外，任何事物均不能阻止一民族抵抗经济上政治上外来之强暴控制。

为使此次战争真能结束一切时代之一切战争，使一切国家，不论大小，均能于未来世代中彼此生存于和平安全与自由之中，国际间必须实行真正与最高意义之合作。余深信联合国家真正伟大之领袖，即具有远见与先见之人士，均正努力于此一理想之实现。然诸君与余如不贡献一切以求此理想成为现实。则诸领袖亦将无能为力。

两千余年前，中国在封建时代，有若干小国同时并存。当时流行两种互相冲突之理论，一为帝国主义之理论，即“连横”，一为协力合作之理论，即“合纵”是也。不幸六国对此协同努力之见解，殊乏热诚，且未曾竭力予以支持，结果则较弱之六国，一一被强秦灭亡，吾人其愿见历史之重言乎？吾联合国家，既系出自愿而联合，必须决心建立一种以正义共存合作与互尊为四大柱石之世界。

最后，宋美龄高呼："此次战争结束以后，吾人共同奋斗之目标，应为建设一未来世界，使'吾人不得不以全世界为一切神灵，一切人类共有之一大国家'。"

宋美龄的讲演历时30分钟。在整个演讲过程，娇小妩媚的宋美龄支撑着病体，却抖擞着精神在抨击轴心国的野蛮，呼吁世界为建立正义与自由的未来而团结合作。对纽约人民来说，这个场景就是一个象征，是灾难深重却英勇奋斗、不屈不挠的中华民族精神的象征，代表着重负下抗日的中国坚毅形象。而且今时已不同往日，日本偷袭珍珠港，让美国人颜面无存，日本军亦成为美国恨之入骨的敌人，所谓同仇敌忾，此情此景，观众能不感动与喝彩？

然而，大学者胡适大人却不能融入此境，1938年以来他就在美国当大使，因为1942年9月开始中国要与美国商讨废除不平等条约改订新约，胡适是哲学博士，所以国民党政府启用原在法国做过大使的法学博士魏道明取代胡适。3月2日，还在纽约的胡适也前来捧场，可惜的是胡大使做了多年的外交，却参不透宋美龄举措，在当天的日记有这样的一段话："晚上听蒋夫人的演说，到者约有两万人，同情与热心是有的。但是她的演说实在不像样子，不知在说些什么！"可见他还是在用大学问家的眼光考评这个在他眼里不中不西的女子。其实 10 岁就离开祖国十年的人，经过恶补中文，能够在每一次演讲中用中国典故，运用还算恰当，已属不易。何况，宋美龄演讲，是为了争取同情与支持，获得外援，不是做博士论文答辩，胡教授是苛求些。难怪在几十年后连遭到过蒋家囚禁、以骂人著称的李敖都批评胡适对宋美龄的看法未免太头巾气。

3 月 5 日下午，宋美龄在旅邸举行记者招待会，回答记者提出的问题。当有人问到宋美龄回国路径时，宋美龄回答不能透露，否则会让日本知道，全场大笑。

胡适博士认为这是虚骄，更讨厌，说："她一股虚骄之气，使我作恶心。"

十一、重返母校

3月6日上午，宋美龄一行冒着大雪来到她阔别25年的母校韦尔斯利女子大学。路经波士顿华侨居住区时，受到华侨的热烈欢迎。当汽车行驶到韦尔斯利“十字街”时，宋美龄下车观看她曾寄居过的房舍，旧地重游，故居如昔，使她感慨万端。

韦尔斯利女子大学位于韦尔斯利镇，在波士顿西约12里，是全美顶尖的十大学府之一。与哈佛、耶鲁等都市型名校相比，韦尔斯利则属于典型的乡村型的，灰红色的欧洲文艺复兴时期的仿古建筑掩映在古树丛中。在美国，韦尔斯利以其对学生“个别注意”的特殊教育风格著称。当年宋美龄从佐治亚的卫斯理安转学来这里，是因为那年一直和她在一起的姐姐宋庆龄离校回国了，为方便在哈佛念书的哥哥宋子文照顾她。

开始，在南方贵族学校学习了5年的宋美龄，不习惯待在这个乡村式的大学。据说，开学的第一天，因为不喜欢韦尔斯利大学，她曾走进校长办公室，宣称："唔，我估计，在这儿我不会待很久。"

然而，这个有个性的女孩很快适应了这个注重个性教育的名校，同学们也很快喜欢上了穿着和她们同样的像水手服那样的制服、但长着一副东方面孔、拖着一条又黑又亮的辫子的中国少女。在韦尔斯利与宋美龄住在一起的安妮·克·特埃尔教授回忆：

> 她对许多事情都有了不起的见解。她常常提问，问各种思想的性质，今天跑来问文学的定义，明天跑来问宗教的定义。她思考伦理道德并为自己探索某些准则。而人们对于准则往往是不问究竟地承袭相因，按现存的和盘接过。她是一个坚持真理的人，一旦发现向她灌输传统的谬误，她就忿忿不满……
>
> 我们大家都喜欢她，把她看做我们的当然成员，完全忘了她是个外国人……当然，她受到人们那么多称赞，不是因为那时她像两位姐姐一样漂亮，而是因为她热情、真诚，常常有种内在的力量……

朋友出于偏爱说的话难免主观，学校的介绍也许相对客观些。韦尔斯利1938年2月号的期刊这样描述了宋美龄在该校的学习生涯：

她是一个有才华的学生，主修英国文学和选修哲学。据说，她特别喜欢亚瑟王骑士传奇故事中的激烈战斗场面。这门课由当时颇负盛名的教授维达·斯卡德讲授。在整个四年中，她学了法语和音乐（理论、小提琴和钢琴），还选修了天文学、历史、植物学、英文写作、圣经史和讲演。此外，1916年夏天，她在佛蒙特大学选修教育学，也获得了学分。

在学校，她获得了“杜兰奖”，这是学校授予学生的最高荣誉称号。1917年，以该校最高的杜兰荣誉学位毕业。该校才女辈出，中国毕业于该校还有谢冰心女士。克林顿的夫人希拉里也毕业于该校。

从1907年到1917年，宋美龄在美国学习了10年。而且这10年是她童年进入青春期的黄金时代，是她世界观形成的重要时期。她实际上几乎在美国读完了从小学到大学的全部课程。初到美国时，她还是个小姑娘，正是学习和模仿力最强的时期。因此，她在生活习惯、举止言谈等各方面都美国化了，她的价值观念、思维方式也都打上了深刻的美国烙印。当年她曾在给朋友的信中不无担忧地说：“只有我的脸像东方人。”然而，今天令人钦羡的成就是得益于当初的留学生涯，在这儿吸取的智慧及掌握的语言能力受益终身。在这里留下的是美好的回忆，她要再尽情体会一回。因此，住过白宫和纽约豪华套房的宋美龄就下榻于“崇阁宫”，这里原是她在该校读书时最后一年住过的宿舍。

此前，宋美龄与学校有联系。1942 年是宋美龄从韦尔斯利大学毕业的 25 周年，有人发起在大学中捐资成立一个“美龄基金会”，即时集资两万美元相成其事。基金会在 10 月成立，典礼上并邀请了胡适和林语堂等作专题演讲。宋美龄除了在基金会成立当年从重庆具函道谢外，后来还陆续送了不少捐款。“美龄基金会”从 1942 年一直保存至今，宋美龄和韦尔斯利大学的感情之深，于此可见一斑。

宋美龄重返母校引起了一片轰动。不少 1917 年的同届毕业生从好几百里以外赶到这里来与宋美龄相聚。老同学相会，排除一切客套，促膝而坐，谈笑风生，闲叙话旧，十分亲热。

3 月 7 日下午，宋美龄在校友会向全体学生发表演说，因过度兴奋，以致才讲了几句话，竟不能继续发言，略停片刻才恢复正常。她首先讲了自己对母校的怀念及重返母校的快乐心情，接着她着重谈到妇女的历史地位与作用，列举各国妇女运动史，特指出妇女之力量，影响及成就均由小而逐渐扩大她还谈到了妇女团体的力量，希望妇女界团结合作。在演说的最后她强调：

> 今日之世界斗争，乃光明对黑暗之斗争，乃公道与正义对自私与贪婪之斗争。无发展之精神，抱怨天尤人之态度，皆不能使吾人在生命过程中具有战斗之工具。瞻念前途，尚

多艰苦，所幸此一学院，为学问之渊。加强诸君之能力，其在斯乎！其在斯乎！

3月8日，在校长陪同下，宋美龄“打破校规”身穿便裤，游览校园，参观图书馆和昔日自修过的教室，重温学校生活。

这中间有一个插曲。20世纪40年代的韦尔斯利校风仍相当保守，禁止学生穿长裤，只能穿裙子。看着中国“第一夫人”穿着长裤在校园中和学生散步聊天，一位学生问校长说：“我们可以穿长裤了。”校长幽默地答道:“你们若有蒋夫人那么聪明就可以穿长裤。”

宋美龄也去了南方的母校。虽然她在卫斯理安学院正式学习的时间不长，但她快乐无忧的童年在那儿度过，受到人们的特殊照顾，艰苦的宗教生活锻炼了她的意志，正是在这儿她接受奎瑞博士“女士们应当高尚娴雅”的训诫，所以她一直把卫理斯安也当成母校。1943年6月26日，宋美龄在宋霭龄长子孔令侃陪同下，专程回到卫斯理安探望师生，并接受名誉法学博士学位。此时，新校址已迁至6英里外的理沃立。兴高采烈的宋美龄向全校师生说：“仁慈的圣母，请挥一下你的权杖，让霭龄、庆龄也一道回来这里，我知道她们是多么想旧地重游，我真希望此刻她们就在我身边陪伴我。……我仿佛回到了久别的家园，见到了久违的家人，我内心的兴奋难以形容。”

宋美龄在人群中看到老校长桂利的遗孀，立即飞奔过去，两人热烈地拥抱。

桂利夫人说："呵，美龄，上次我见到你时，你还是个小女孩呢！"

美龄答道："是啊，我想大概就是那位调皮捣蛋小女孩吧！"

桂利夫人说："没那么调皮嘛！"

宋美龄此次返校，代表三姐妹赠送了六件高雅的上等白绢刺绣给母校，其中两件是象征中美友谊长存的凤凰及苍鹰，其四件则为代表春夏秋冬四季变化的花鸟。这些礼物仍存放在该校图书馆供人参观。

十二、“蒋夫人日”

从母校返回到纽约稍事休息后，宋美龄又马不停蹄踏上了西行的旅程。

3 月 19 日上午，宋美龄抵达芝加哥。在这里，宋美龄同样受到了盛大的欢迎。

芝加哥市长凯莱将一巨大金钥匙献给宋美龄，并说：“此乃本市一切事物之锁钥，芝加哥已属于夫人所有。”

宋美龄回答说：“敬谢此大钥，用启大心锁。”

随后，宋美龄一行驱车来到芝加哥最豪华的特雷克饭店下榻。3 月 20 日下午，出席华侨欢迎会，并发表演说。22 日，宋美龄出席芝加哥市两万余市民在大运动场举行欢迎大会。

3 月 25 日，宋美龄一行乘总统专列横穿美国大陆来到美国西海岸的旧金山。在旧金山第 14 号码头，受到热烈欢迎。

旧金山是旅美华人人数最多的城市，当宋美龄的车队通过华侨居住地时，路侧侨胞男女老幼，争先恐后，想一睹给华人带来荣耀的宋美龄的风采。街上彩旗飘扬，鞭炮齐鸣，音乐声、欢呼声、鼓掌声、钟鸣声响成一片。沿街搭有中国式牌楼多座，有个牌楼的柱子上嵌着木刻对联："为国家宣劳推崇女杰，联民族抗战保卫人群。"全华埠辉煌璀璨，朝气蓬勃，学校放假，商店休业。除旧金山市的1.7万余侨胞外，尚有来自美国西部11州的侨胞8000余人参加这次欢迎盛会。宋美龄见此情景，异常感动，回头对前来欢迎的美国州长、市长说："余如归故乡矣！"她兴奋地频频向侨胞含笑点头致意。

下午3时，宋美龄出席旧金山市政厅的群众欢迎大会，接受该市的市匙，并检阅了群众游行队伍。

26日，宋美龄举行记者招待会，同日晚出席旧金山市政府和总商联合举行的盛大宴会，在皇宫大饭店，用金碟进餐。

27日晚8时许，宋美龄在旧金山市民大礼堂接受该市荣誉市民称号，并发表广播演说。这篇演说从旧金山与中国一水之隔的特殊地理位置说起，尽情点评两地风光的异同与绮丽：

> 余今日对诸君发言，自觉与祖国相距极近，因中国与旧金山仅一水之隔，且有余之同胞多人，与诸君同居此处也。余对于贵国天工巧妙之美丽山河，叹为观止。密布贵国北部，有若干大湖，其面积约六万平方英里，闪烁发光，一若

嵌于大陆之宝石然。贯穿贵国中部之密西西比河，蜿蜒千里；此全部流域，有千余英里之起伏草原，与膏腴平原，北自贵国之寒冷地带，南至温暖之墨西哥海湾，自东至西，地形倾斜。在密西西比河之西，有科罗拉多河，倾泻而下，直达加利福尼亚海。贵我两国，同享温带之广大土地，但亦同有极冷与极热之地区。吾国东北之大平原；各大沙漠及蒙古平原上峻峭巍峨、峰峦积雪之高山；以及吾国之富饶原野，伸延至广州及附近之半热带草木翠绿各岛；其风景之美丽与地形之参差，与贵国无异。波涛汹涌，山峡重叠之长江，与自西而东蜿蜒曲折之黄河，其所经流域中，土地之各异，资源矿藏之丰富，亦一若贵国之广大平原与草原也。长江山峡，高耸入云，她庄严雄伟之状，可比于贵国洛矶山之嵯峨；而贵国之萨克拉门托，与圣约昆流域，则亦类似我国杭州、奉化一带起伏山景，总之，天高地广，使余对于贵我两国有所比拟者也。

接着，她把沉浸于大自然美景的观众拉回到眼前严峻的反法西斯斗争现实中来。她说：

今日中、美两国，同为凶恶势力所威胁。此种凶恶势力如能得逞，将不仅侵夺吾人多珍爱之土地，且将消灭吾人所宝贵之传统精神，与抹杀吾人所抱持之主义。欲护卫与保存吾人所爱好之一切，同无须人人荷戈；盖人人荷戈既不切实际，亦复不可能也。在后方工作者之任务，与彼武装部队效命边疆之任何任务，正同为重要，同为基本。吾人之任务盖在确使此次作战奋斗所求之正义与自由诸理想，能在当前及在和平安宁之日，见诸事实。余认为当前纳粹主义与神道主义之各种虚伪与欺骗邪说，乃系歪曲心理乖谬离奇之论调，决不能维持久远；盖惟有真理及认定人类原理为真理之信念，始能经时代与暴力之磨折而不消灭。战后世界之万灵药，以及愚人亦能了解之简明方案，犹诸完善无缺之宪法，固邈不可得；然而吾人对于当前之危机，亦不应置而不顾。此一危机不在胜利之能否获得，而在战后和平之能否获得也。

最后，宋美龄借中国历史上“桃园结义”刘备、关羽、张飞的故事作为结尾，借古寓今，说明中美两国共同奋斗的重要性：

此三人者，实表现为国服务之精神。吾人身属联合国家者，当前具有更大之目标，即谋人类之进步。为此更大目标，吾人应以自动之服务，为最大荣誉；并应以所受之痛苦，为最高之奖章。

在旧金山期间，宋美龄还不顾美国地方当局的反对，于3月29日晚带领少数随从出席了旧金山码头工会为她举行的欢迎会，并向码头工人发表演说，劝告码头工人不分派别，团结一致，积极工作，增加生产，支援中国抗战。

在告别旧金山前，宋美龄在旅邸召见华侨各妇女团体领袖训话，号召她们努力推行新生活运动，并希望她们能学会国语，随时随地表现出大国国民的风度。

宋美龄在美旅行的最后一站是洛杉矶。3月31日上午10时，宋美龄一行驶抵洛杉矶，这是此行最受瞩目的地方。

在卢斯的精心安排，宋美龄的美国之行推向高潮。

在欢迎会上，洛杉矶市长宣布当日为“蒋夫人日”，并将“蒋夫人日”政府通告的原本，装入红木锦盒内，赠给宋美龄留念。

在这一天，不仅仅只这一天，宋美龄在洛杉矶的每一天都是最受众星拥戴、公众追捧的最耀眼的明星。

宋美龄致答辞后，由市长陪同登上汽车，开始游行，途经洛杉矶市最热闹的百老汇路，受到近50万人的夹道欢迎。

当天傍晚，宋美龄在旅邸大使饭店举行盛大宴会，洛杉矶市长波伦及著名电影明星等共500余人出席，盛极一时。

4月1日，宋美龄在大使饭店招待美国电影界名流，由好莱坞电影公司负责人，曾导演过《乱世佳人》的戴维·塞尔兹尼克组织安排。下午6时，宋美龄在会客室接见塞尔兹尼克等16位电影公司负责人，并举行茶话会，边饮边谈；6时半在楼下“黄金”厅接见高级导演和编剧数十人；7时在“黄金”厅隔壁室接见电影明星百余人。

4月2日上午，宋美龄在旅邸招待洛杉矶新闻记者，共到100余人。宋美龄就印度问题、苏联问题以及战后国际问题、妇女问题等回答了记者的提问。

4月2日晚7时，洛杉矶市民“欢迎蒋夫人委员会”在大使饭店举行盛大公宴，欢迎宋美龄。到会来宾1000余人，社会名流、银幕明星济济一堂。会场布置华丽，座无虚席，餐厅中花团锦簇，人们熙来攘往。9时50分宋美龄方才入场，就坐贵宾席位。席间电影明星克葛尼与箛荪女士登台表演朗读剧，热闹非常。10点钟，宋美龄登台演讲，并通过无线电向全美广播。她没有发言稿，随口而谈，其主题是“中国民族的精神”。她认为，中国民族有两大特点：一为责任心，二为侠义心。她引述中国古今历史事迹，论证了这两种精神的伟大与崇高。

4月4日，洛杉矶市民在好莱坞广场举行盛大欢迎会，这是宋美龄访美以来听众最多、最为辉煌、最为热烈的一次欢迎会，是美国民众欢迎宋美龄的最高潮。

这次盛会仍由塞尔兹尼克设计和监督。好莱坞广场四面群山环抱，形成碗形的会场，外围遍植佳木，浓绿蔽天，风景清幽。北面为音乐厅，厅前是运动场，东西南三面是座位，能容纳3万多人。欢迎会还没开始，会场上早已挤满了人，好莱坞男女明星演员全体到场。

3时整，大会开幕，先由市长致欢迎辞。接着，影星特莱西登台介绍著名女影星19人入场。著名影星玛丽·皮克福德、丽塔·海沃思、马林·迪特里奇、英格丽·褒曼、金杰·罗杰斯和秀兰·邓波儿都是欢迎蒋夫人委员会的成员。

在一片军乐声中，宋美龄乘坐的银灰色敞篷汽车缓缓自右道进场，在座3万余人同时起立，掌声雷动，震荡山谷之间。宋美龄下车后，由女星玛丽·皮克福德率领女影星向她献花致敬。宋美龄入座后，洛杉矶管弦乐队300人合奏中、美国歌。

洛杉矶是美国电影艺术中心，因而欢迎节目也别出心裁，首先演出一个名为《中国》的默剧，介绍中国自力更生、英勇抗战的精神来欢迎宋美龄。剧情深刻，表演逼真，观众无不大受感动。

剧终，播音员请宋美龄致辞。在这里，宋美龄集中介绍了中国抗战的历史经过与惨烈情景：

> 中国抵抗日本侵略，即将进入第七年度。兹拟概述余所忆及最深刻显著之若干事件，且在人所能为范围之内，尽量采取超然与客观之立场，以检讨余所获得若干信念之心理程序。诸君或可从此洞悉一个民族多年以来忍受侵略暴行，其生活与意向，果为何如。向诸君陈述中国境内战事，余曾踌

踌，盖恐有故意过分侧重我国人民所受痛苦之嫌。继经考虑，相信诸君当能明了，余之动机，在求使余本人以及诸君，能从过去数年所予吾人之教训，获得裨益。日人对华背信弃义之历史，兹不拟向诸君赘述。我人可就珍珠港被袭以前。盖此项会谈，论其作风，显似在卢沟桥事变以后，日本一面佯与中国政府谈判，一面则调集重兵，以从事全面之侵略。

紧接着，她揭露日寇暴行，阐述了中国人民英勇抗击日寇不怕牺牲和坚强不屈的精神，颂扬了罗斯福总统让美国成为“民主国家之兵工厂”的卓识。她说：

日本军阀于占领南京及其他区域之后，如何实行其有计划之残暴手段；如何从事劫掠，并剥夺受惊民众之一切谋生工具；污辱吾人之妇女，逮捕所有壮丁，将其捆缚一处，如捆缚禽兽然；并强其自掘坟墓，最后则将其踢入墓穴，予以活埋。吾人之用意与战略，乃使敌人所夺取之每一寸土地，必须付代价且付重大代价，庶几吾人可在时间方面，消耗敌人使其趋于衰竭。惟争取胜利之意志，必须能对抗钢铁与高度爆炸弹之猛烈打击耳。中国在重大困难下之长期抗战，证明吾人对于局势之观察，在心理上与军事上均属正确。吾人皆知敌人之企图，乃使吾人体力因极度疲乏而丧失抗战意志。以故，吾人心志坚定，决不屈服。我历尽磨难之人民，虽已饱尝苦痛，对在上者，决无怨言，此真最足称道也。吾人誓将敌人驱出国境之决心，从未稍有动摇。吾国人民信仰美国与其他民主国家，最后必能确认吾人之所以作战，并非只为吾人本身。而所以与敌人继续作战者，在使各民主国家有从容准备防御之时间。于此余有所欲言，当罗斯福总统洞悉正义与强权对抗之意义与结果，而毅然采取措施，使美国成为“民主国家之兵工厂”，其卓越远见与经世宏才，实为吾人以及后世所不能不钦仰不置者。历史与后世对贵国总统坚定不移之信念，以及努力实现此种信念之道德勇气，将颂扬不已。中国人民于应付战时迫切与频繁之需求中，同时准备奠定一公正永久之和平，及努力从事建设一新世界，此则吾人所可引为自豪者。诸君现亦采取同样步骤，且正复如吾人对于组织一比较美满之新社会秩序，决心尽其贡献，不亚于努力作战。我中国人民虽忍受多年苦难，但对于敌国人民，并非皂白不分，一概深恶痛恨，吾人不求减免在获得共同胜利以前，所必须经过之崎岖险道。但吾人正如诸君以及其他联合国家，不论最后胜利，如何迟迟来临，必尽力之所及，使四大自由不致仅为道德规律上之空洞具文。吾人勿为所谓公允之和平所欺骗。吾人弗许侵略主义重招其魔首，以威胁人类代代相传之最大宝物，即各民族所应享受生命、自由与康乐也。

当宋美龄讲到中国军民所受的苦难情形时，不少听众流下了热泪。宋美龄演讲了 50 分钟，听众注意力始终不懈。当她演说完毕，退场时，乐队高奏《蒋夫人进行曲》。

4 月 7 日，宋美龄专门向美国飞机厂工人致意。她说：

余以健康不佳之故，未能如余之希望来访贵厂，深以为憾。然余已请顾维均博士为代表，来访问诸君矣。然余至少能利用电话，亲对诸君略致数语，对诸君说明诸君所从事之工作如何重要，此乃余所深感快慰者。吾人如欲使战事进行顺利，则大部分须视海陆空军能获得何种装备，以故诸君所从事之工作，与战事之进行，实具有一种直接关系，余深知诸君在统一工厂工作者，大部分均为妇女，此种情形，在美国之其他国防工业方面亦属一致，此足以证明美国之妇女，亦如中国以及其他联合国之妇女，在维护正义与自由之伟大斗争中，正各尽其责。吾人或可藉联合努力达到同盟国之胜利，切藉此等努力建立一种新世界，俾各地人类均能享受永久和平与繁荣之后果。

至此，宋美龄正式结束她在美国的官方活动。

十三、拒见丘吉尔

当宋美龄风靡美国受到热烈欢迎时，英国也向宋美龄发出了邀请。英国外相艾登向顾维钧保证，一定用最庄重堂皇的仪式来接待宋美龄。

一向矜持的英国绅士为何也仿照美国人做起了宋美龄的发烧友？

这有其缘由。时至1943年，英国政府对于继续纵容日本为所欲为，将产生什么样的后果，开始清醒起来。他们已经认识到，即使单纯从英国的利害关系考虑，其恶果也是不容忽视的。丘吉尔在太平洋战争爆发前就致电罗斯福，表示“中国如果崩溃，将大大增加英美共同的危机。”而且他们也感到了华盛顿“要求它对中国采取更积极的态度和更有助益的政策之压力”。在阿卡迪亚会议期间，丘吉尔写信给韦维尔时说：“我必须向你解释美国的观点。在许多美国人的头脑中，中国和大英帝国一样重要。”“如果要把我在美国学到的东西归结为一个词，那就是‘中国’。”更为重要的是，中国人民英勇顽强的牺牲精神和遭受野蛮侵略的苦难，已经引起了世界人民包括英国人民的同情和支持，国家之声誉及地位，实为有史以来空前未有之提高。这些因素融汇在一起，终于促使英国当局开始对中国采取一种比较友好和积极的态度。英国政府领袖曾一再向顾维钧表示：“为了解决战后必定出现的许多问题，两国间的密切合作不仅是双方的愿望，也是十分必要的。”

力邀宋美龄赴英国做国事访问，正是英国政府希望与盟邦中国加强友谊关系的一种姿态和行动。宋美龄应罗斯福总统邀请访问美国，美国政府已给了宋美龄非常隆重的接待，而她在各处的演讲更是受到空前热烈的欢迎。在这种情况下，英国政府认为，不论从中国在同盟国中的地位这一角度考虑，还是从宋美龄在中国的地位来看，宋美龄出访英国，必将有助于增强中国对英国政府和英国人民的友好关系。

但是宋美龄对于是否访英，却迟迟未作决定。因为宋美龄虽然喜欢英国文学，但对于日本侵华以来英国的表现一直让人失望，所以对英国人没有信心。这基于很多种事实：

英国的远东战略是维护其既得利益。英帝国是日不落帝国，是世界最大的殖民者，向来宣称它是为了宗主国的利益而决不是为了殖民地的利益而建立的。维护既得利益是其全球战略的主要目标。九一八事变前后，正逢英国的经济危机，财政大臣张伯伦警告政府，“在目前的条件下，我们在财政上经济上比军事上更不具备在远东进行一场大的战争的能力。”英国害怕战争将导致他们“在远东的贸易和影响”消失。所以，在解决远东问题过程中，始终坚持避战求和，采取姑息日本侵略的绥靖政策。为此，外交大臣西蒙做过扼要的说明：

政策——对日和解。

对中国——不要只是依靠别国，尽你们自己的责任，不要寻求转向盟军。

对日本——我们不想制裁。

1931 年 9 月 21 日，南京政府向国联提出起诉，要求国联采取行动制止日本侵略。英国操纵国联连续通过两个决议，对日本军侵略行为未作任何谴责，而是不分青红皂白，同时向中日双方呼吁停止冲突、撤退军队，把侵略者与被侵略者置于同一位置。

七七事变，日本撕毁九国公约，发动了全面侵华战争，改变了远东的国际格局，与大英帝国在远东既定政策产生了尖锐的矛盾。但由于德国法西斯上台，欧战一触即发，英国把战略重点放在欧洲，只好在远东利益问题上寻求美国的帮助与支持，“同美国完全一致，走得一样远，既不能在前面，也不落在后面。”当时美国已明确宣布不愿制裁日本，张伯伦政府就寄希望于日、英妥协，以牺牲中国利益来缓和英日矛盾。英、日签订的《战时中国关税抵付外债办法协定》、《有田—克莱琪协定》即是典型表现。

由于日本的目标是独占中国，所以尽管张伯伦政府煞费苦心，无异于与虎谋皮。11 月 3 日，日军占领武汉和广州后，近卫发表第二次对华声明，公开表明日本独霸中国的决心，英国当局才如梦初醒，态度趋向强硬，开始采取一些措施对付日本。

1938 年 11 月 16 日，英副外交大臣巴特勒宣布，英国正在研究对中国提供贷款，修筑滇缅公路。第二年 3 月 8 日，英财政大臣宣布，将由英国的汇丰、麦加利银行同中国的国家银行共同设立 1000 万英镑的外汇平准基金，促进英国对华贸易和投资，这对于日本要“设法造成法币的崩溃……在财政上使中国中央政府自行消灭”的阴谋是个很大打击。英国还加强同法、美的军事联系，三国在新加坡举行关于远东防务问题的对策会议。

1939 年欧战爆发后，德国法西斯横扫欧洲，为避免两线作战，英国继续对日本谋求妥协，一再退让。1940 年 6 月，法国败降，英国远征军损失惨重。日本利用英国困境，胁迫英国关闭滇缅路，以切断中国外援，动摇中国抗战信心，解决中国问题。新任首相丘吉尔认为：“在目前新形势下，我们不应该为了声望而招致日本的敌对。”7 月 7 日，英、日签订了封路协定，关闭滇缅路 3 个月。

英国虽然以封路讨好日本，以求得一时苟安，但日军南进的脚步踏碎了它的梦幻。1940 年 9 月 23 日，日本占领了法属印度支那北部，与英美争夺亚洲殖民地的迹象日趋明朗。27日，德意日在柏林正式签订三国同盟。英日战争危机逼近。英国才感到“绥靖政策之在东亚，亦不能收到理想之效果。”在美国远东政策影响下，在无力面对日本挑战的情况下，英国决定借助中国的抗战力量来遏制日本的进攻，以保持英国在亚洲的力量均势。于是英国拒绝了日本提出的延长关闭滇缅路的要求，于10月18日重新开放。之后，又派了不少将士来中国学习游击战。1941年1月，英国政府任命丹尼斯少将为驻重庆陆军武官，开始和中国酝酿建立中英军事同盟。

1941年1月成立了“中国缅印马军事考察团”，由商震、林蔚挂帅，赴缅甸、印度、马来西亚等国做了3个月的实地考察，以共同商定保全缅甸的军事计划。5、6月，中国方面根据考察情况提交了洋洋30余万言的报告书，拟定了中、英、缅共同防御计划草案。然而，英国却不重视这个考察报告。不久，中国军方向英方提出《中英共同防御意见书》，同样未采纳。此后半年多，英国既未对中英共同防御着手准备，亦不同意中国军队入缅布防。这是因为英国军事当局认为以大英帝国的招牌，以英国的雄厚的力量，日寇断不敢轻易挑衅，它们决不会在马来半岛和缅甸遭到地面进攻。即使日本要截断滇缅路，肯定是从中缅或中老（挝）边境，而不会是经过缅甸。相反的是，英国视中国为“长期威胁其殖民主义政策的民族主义国家”，防范着中国势力进入它的殖民地缅甸，担心中国进入缅甸后赖着不离开，故千方百计反对中国军队入缅布防，强调中国军队只能在中老、中缅边境上布防。由于英国的虚荣、固执，中英军事合作问题被束之高阁，坐失良机。

太平洋战争爆发后，为应付危机，经蒋介石提议，征得美国总统罗斯福同意，1941年12月23日，中、美、英三国在重庆蒋介石官邸举行联合军事会议，史称“东亚军事会议”。

宋美龄出席会议，亲眼目睹了蒋介石与英国代表驻印度总司令韦维尔的争执过程。蒋介石为维护盟国利益，提出“如果英国需要，我国可派8万人入缅作战。”韦维尔却傲慢地答称：“如果由贵国军队解放缅甸，实在是英国人的耻辱。”明确表示：“我们只请中国能惠允拨借美援物资就可以了”，并表示：英国向中国所借的物资“亟盼紧要关头过去之后，我方即能如数偿还”，避免给中国留下“来此乞援之印象”。韦维尔的无理与言语中对中国的轻蔑让宋美龄气愤，她发言中指出：“请注意中国的地位！”史汀生也因此批评韦维尔“过于武断，不讲方法，还以旧日的英国方式对待中国。”

罗斯福也竭力劝诫丘吉尔不要过于轻视中国的作用。他对丘吉尔说：“如果人口众多的中国走上日本近一个世纪来所走的道路，并拥有现代化武器，将会出现什么情况呢？”他要求丘吉尔抛弃殖民帝国的陈见，如果要中国在未来发挥大国的作用，现在就必须像对待大国一样对待它。丘吉尔不以为然地回答说：“我出任英国首相不是为了主持大英帝国的葬礼。”

太平洋战争爆发后，英国远东部队在日本的攻击下一筹莫展，英国海军远东舰队全军覆没，缅甸、印度均告急。英国向中国请援。中国在世界人民、世界反法西斯战场最需要的时候，没有退缩，派出的第一支远征军，10 万中国官兵依靠简陋武器、在供养极差的情况下英勇作战，在面临绝境、在惨绝人寰的情况奋勇求生，同古战役与仁安羌战役，曾轰动英伦之岛，戴安澜将军英勇捐躯，孙立人将军获得英国皇家勋章。而英国一直表现得极端自私自利，当中国远征军攻至缅甸仰光附近，就赶紧后撤。在整个缅甸保卫战中，英军没有作任何战略配合，甚至不向中国军队提供关于缅甸的任何信息，一心只想在中国军队掩护下逃往印度。中国远征军的失败自有英军的“功劳”。

5 月 10 日，英国首相丘吉尔在广播演说中，大大赞扬美、苏在各战场中所起的作用，唯独对中国抗战，对中国军队在缅甸战场中所做的努力包括为援助英军所做出的牺牲，只字不提。这就激怒了蒋介石。他指责说：“英人对我缅甸军队一切不顾，至丘吉尔的态度对我等于唾弃，以怨报德，徒有势利，而无信义！”

1942 年开始的废约运动，英美态度迥然各异。英国还是一副殖民者心态，仍然抱残守缺。1942 年 4 月 25 日，英国驻华盛顿大使在给美国国务院的一份备忘录中，就美国同英国磋商立时放弃在华治外法权问题答复说，目前这样做“不过是被看作一种软弱的结果”，因而主张在远东和平恢复以后再着手此事。英国外相艾登当时也向美驻英大使怀南特谈过类似的想法，认为此时废约会在“中国引起误解”，“目前不是一个适当时机”。显然，英国的这种考虑主要是出于面子观念，要维护大英帝国的所谓体面。

在谈判过程中，中国应收回九龙，为此并据理力争。但是，英国政府借口九龙租借地不在新约谈判范围，拒绝交还九龙。对于香港，更是不情愿归还。英方立场顽固，甚至扬言即使谈判破裂也在所不惜。11 月 11 日，英国首相丘吉尔在伦敦市政厅发表演说时表示了强硬的态度，宣称：凡属于英国者，他必保护之。他不是为了解散大英帝国而出任首相，如果有这种事情发生，请另找他人办理。他决不放弃大英帝国的任何领地。最终中国未能通过谈判收回港九。

在 1943 年 1 月，中美、中英分别订立平等新约，取消了在华的治外法权及有关特权，从法理上说，中国与盟国是平等伙伴关系了。但是 1 月的卡萨布兰卡会议与 5 月的华盛顿会议，都未邀请中国最高领导人与会。

丘吉尔在 1943 年 3 月发表的演说中声称，他认为战争的进程应该是先打败德国，然后尽最后的努力来战胜日本，并说用不着使用对付德国的全部军队去“挽救”中国。在谈到战后秩序时，他说将由英、美、苏三大战胜国来商讨世界组织的建立，将中国排除在外。重庆政府对丘吉尔在讲话中将中国排除在战胜大国名单之外，并对中国使用“挽救”一词极度反感，认为这是对中国的“有意轻蔑”。

宋子文首先对此的反应是，对英国在轻视中国方面所表现出来的“典型的帝国主义者和现实主义者”的观点，尤其感到难以容忍。在进行中、英平等新约谈判时，宋子文便对英方在香港问题上的立场颇为不满。此时英国外交大臣艾登请宋美龄访英，宋子文认为：“如果他处于蒋夫人的地位，他就不去，丘吉尔的那篇讲话使访问显得更为不妥。这样做就像中国挨了一记耳光还陪笑脸。看来我们将受到一个被英国挽救的流亡政府的待遇。”但同时，宋子文也表示了另一种观点：“反过来，说不定正是为了这篇演说，蒋夫人更应该走一趟。”他告诉顾维钧说：“他刚给蒋夫人写了一封长信，说明他自己的看法，但是访问与否请她自己决定”，请顾维钧“和蒋夫人讨论以下邀请问题，并对他信中提出的看法做些解释”，“无论如何她应及时做出决定，不要总叫英国等待”。

经过几番考虑之后，宋美龄最后以身体不适为由，婉言拒绝了英国的邀请。

同年5月，丘吉尔访问华盛顿，并且带来了100多位重要将领及官员，其中包括在印度的陆海空军司令长官，这是从来没有过的规模。宋美龄立即告知蒋介石这一消息。

蒋介石主张会见丘吉尔，对宋美龄说：“丘吉尔即到华府，如能与英相见面，则于公私均有益。此正吾人政治家应有之风度，不必计较其个人过去之态度，更不必心存意气，但亦必须不失吾人之荣誉与立场。此事或可由顾维钧与哈里法克斯先行接洽，而后由罗总统为之介绍。如与文兄出席会议时，请预商文兄，应请其代表发言，而吾爱竭力协助之，如其言有遗漏之处，则再由吾爱代其补充说明之可也。”

同时，蒋介石在重庆以国民党政府名义召见美国驻华代办，发表声明：“此次丘吉尔首相在华府期间，凡与中国有关事项，或与太平洋有关问题，如有会议，请约蒋夫人与宋部长出席参加。”顾维钧也认为这是正式通知，罗斯福、丘吉尔必能重视，请宋美龄及早准备一切。

遵照蒋介石夫妇的指示，顾维钧大使开始积极活动，以安排丘吉尔与宋美龄会面。

事实上，顾维钧自从听到丘吉尔到美的消息后，就认为二人会见是个好主意，对中、英关系能有重大影响。但他觉得惟一的问题是：丘吉尔是否打算来纽约，那样对访问宋美龄比较方便（除赴白宫外，在丘吉尔访美其间宋美龄一直在纽约）。如果丘吉尔觉得占用时间太多不来纽约，但又愿意与宋美龄会谈怎么办？

与宋美龄同行的孔令伟认为：“蒋夫人是一位女士，丘吉尔前去拜访比较合适。”

5 月 15 日，顾维钧找到哈里法克斯说丘吉尔与宋美龄有极好的见面机会。

丘吉尔尽管行程紧张，可是他也希望能与宋美龄谈谈，这对于英、中合作和远东局势没有坏处。

于是就由罗斯福出面，特意安排宋美龄与丘吉尔会晤，以图缓解两国的紧张关系。罗斯福请宋美龄在5月23日去白宫参加午宴。可是，宋美龄接到罗斯福夫人的电话邀请后，以身体“不适远行”为由拒绝。罗斯福自然明白其中的奥妙，这只不过是托辞，但他认为不必过分拘泥于礼节。因此，又建议改在5月26日，以便宋美龄能“不误医生约定打针的时间”。宋美龄并不理会罗斯福总统的安排，拒绝赴华盛顿（当时宋在纽约）会见丘吉尔。

在这件事情上，宋子文也曾劝其妹妹以大局为重，并为其妹妹安排了与丘吉尔会晤的时间，但还是被宋美龄拒绝了。在这种情况下，顾维钧、宋子文认为她更应该去华盛顿，当罗斯福总统有意在微妙的局势中提供解决办法的时候，谢绝邀请是很不礼貌的。

可是孔令伟还是坚持：“作为妇女，应由丘吉尔来拜会，现在中国对日战争不很顺利，蒋夫人不应该显得过分迁就，不然的话，他们会爬到你头上的。因此，蒋夫人一定要比以往更坚定，保持尊严。”

宋美龄再次拒绝了邀请。对于这件事，她在见到顾维钧时做了解释：“丘吉尔目中无人，一定要我去华盛顿见他，我谢绝了。因为在国际关系中和个人关系中，礼仪和尊严都至关重要，必不可少。无论如何我在政治上没有外交部长之类的职务，所以有条件表现坚决一些。”结果，宋美龄因为“尊严”未到华盛顿，丘吉尔因为“事太忙”不能到纽约，双方终未见面直到两人参加开罗会议才第一次相见。

丘吉尔夫人对此事耿耿于怀，二十几年后，《纽约时报》外交专栏作家沙滋柏格采访丘吉尔夫妇，还提起了那段往事：

(1943 年) 有一天罗斯福总统对丘吉尔说：“我想介绍你见见蒋夫人，她是位漂亮的女人。”罗斯福立即打电话给蒋夫人，邀她第二天到白宫来与丘吉尔一道午餐，但宋美龄拒绝了，她说，丘吉尔要先打电话给蒋夫人，她才会答应，午饭终于没有吃成。

顾维钧分析宋美龄不接受访英邀请与不愿意去华盛顿会晤丘吉尔，可能是因为“妇女往往比较主观，或许蒋夫人在这件事上又比较感情用事”。他认为：“无论怎么说，被邀访英和在美国未同丘吉尔会晤这两件事，处理欠妥。”顾维钧很为这件事惋惜。他认为：“英王邀请她做国事访问，肯定是一种表示深切友谊的姿态。这是给中国的荣誉，很少给别的国家。”

宋美龄的做法却有其道理。如前所述，英国战时在远东的表现的确令人失望，一直是一种老牌殖民主义者的心态与架势，即使在成为盟国后亦无多大改观。1942 年 2 月蒋介石夫妇访问印度回国后，对解决印度问题仍很关注。后来，由于英、印政府与国大党谈判失败而矛盾激化，甘地准备再发动一次“非暴力不合作运动”时，与尼赫鲁等一道被捕。蒋介石多次呼吁双方和解。由于甘地绝食，生命垂危，1943 年 2 月 12 日，蒋介石致电宋美龄，要她“面商罗斯福总统，从速设法切劝英国政府立即释放甘地先生，以确保联合国为民主、为人类作战之信念”。宋美龄遂及时告诉罗斯福。罗斯福果然致电美国驻印代表菲利浦斯告诉印度总督：“无论如何不能使甘地先生因绝食而亡。”但印督答称：“如彼欲死，似无办法。”

宋美龄为了促进释放尼赫鲁而继续努力，又发表声明敦促“释放尼赫鲁”。为此，英国政府很是恼火，驻美官员哈里法克斯找中国外长宋子文提出抗议中国干涉别国内政。宋子文机智地回答：“这件事不足为奇，因为蒋夫人是位妇女，说话时会感情重于理智。此外，这是她个人的发言，英国不必过分认真。我将不把抗议转达，以免把事情弄僵。”为以毒攻毒，宋子文就另一件事提出了抗议：当宋美龄赴美国时飞经印度，英、印当局并不知晓，事后英、印政府致信美国政府，抗议“偷运”宋美龄经过印度。宋子文认为：“对蒋夫人这样有身份的人，用这类语言是不可饶恕的，这是英政府的无礼和失态。”“已要求薛穆爵士收回那封信，因为不想将这件事报告委员长和蒋夫人而使事态恶化。”现在，宋子文也请哈里法克斯“将这件事向英王陛下大臣艾登汇报”。

自中、英新约签署后，蒋介石对英国的态度有所改变，他曾指示有关部门应尽量与英国建立良好关系。因此，蒋介石希望宋美龄能够应英国邀请访英，在宋美龄决定不去英国后，他又希望宋美龄能够在美国与丘吉尔会面。但是宋美龄根据英国一贯表现判断去英国不可能有访美那样的效果，见丘吉尔也不能改变他的既定方针，与其出访无效果，不如拒绝，在丘吉尔面前表现出的傲慢态度，对他进行一个回击，作为反法西斯主力之一的中国不应该也不能太软弱。从这个角度看问题，也无可厚非。

但是宋美龄拒绝在华盛顿会见丘吉尔，拒绝去英国，使英国很伤面子。克里浦斯爵士认为这“非常不幸……恐怕即使蒋夫人现在要来英国，英王、英后和首相也不欢迎了”。

1943 年 7、8 月间，为修复中、英关系，宋子文访问伦敦时，英国外交大臣艾登、外交部常务次官贾德干都没有到火车站迎接，这种轻慢中国的一种姿态，也许是一种报复表示。英国政府的如此反应，倒证明了宋美龄当初决策的正确。

十四、登上加拿大议会讲坛

宋美龄没有访问英国，却访问了英国的自治领地加拿大。

宋美龄回到纽约之后，即开始安排加拿大之行。驻英大使、资深外交家顾维钧认为：既然推掉了访英，英国人和英王、英后可能会对加拿大产生想法。宋美龄说："英国是可以理解的，因为加拿大是英帝国的一部分。"顾维钧解释说："英国人在心理上认为自治领地像子女，而英国才是家中的母亲。他们仍然以监护人的态度对待自治领地的。"宋美龄说："访问加拿大不过一天，仅仅是跨过边境的一次旅行，这不比飞过大西洋长途跋涉。而且对加拿大的邀请曾书面作答明确接受，不便作更改了。"

顾维钧的想法是希望她既接受加拿大的邀请，又接受英国的邀请，而且"应该先去伦敦，后去渥太华，因为英国人在涉及英国在英联邦的地位很敏感，如果只去英国而不去加拿大是容易理解的，没有人感到不满。相反，如果接受加拿大的邀请而不去伦敦，届时英王、皇室家族、英国政府和人民，就会受到很大刺激。”究竟如何处理，“当然要夫人来决定。”

最终，宋美龄还是飞到了与美国一水之隔的加拿大。因为宋美龄认为外交应讲究礼尚往来。英国如此傲慢，对中国如此轻蔑，我们就以牙还牙。而加拿大总理麦肯齐·金早在 1942 年 3 月间就邀请宋美龄访问渥太华，并建议 4 月 12 日至 13 日或 14 日至 15 日为访问日期。因为加拿大议会 4 月 16 日休会，他本人也将出巡。宋美龄由于已经安排了西部之行，只得推迟访问加拿大的时间。既然已答应人家，就应履约。

6 月 15 日，她在渥太华会见了正在加拿大访问的荷兰女王威廉明娜，并出席了加拿大援华基金会等三个团体所举行的献金仪式，接受其献金。

6 月 16 日，宋美龄赴加拿大国会大厦发表演说，她登上了加拿大议会的讲坛，成为在加拿大国会发表演说的第一位外国女性。加拿大议长、首相、参议员和众议员均到会聆听。

宋美龄首先赞扬了加拿大的议会政体，认为它实际上起源于古代盎格鲁—撒克逊民族的贤人会议。它不但建立在国家根本法律及人民公意之上，而且实行法治，具有订立法律的最高权力，因此最近乎完善的政体。与轴心暴政国家相比，民主政体既是有纪律的自治，又容许各种持异见者，而法西斯国家则以强力独裁，剥夺人民公开辩论之权，胁迫诱惑人民，使人民迷信其领袖无错误之可能。

她还赞扬了加拿大的两大民族法兰西人与英国人相安协调如同一大民族，对加拿大的进步繁荣都做出了充分贡献，并使加拿大因此成为联合国中的有力分子。

她呼吁，为了联合国家的共同利益，不应纵容日本安然占有中国与其他地区。因为日本正在利用时间积存广大的资源，加强其地位，以对付整个联合国家。就中国而言，以劣势的武器、血肉和斗志作战，就像一块大磨石紧套在日军的颈上，从而阻止了日本利用数百万军队去侵略其他地区。而加拿大也在为最后胜利做巨大贡献，如加拿大军民经年累月所积聚作战之英勇；所送往英国之大批军火与粮食；以自己机场训练联合空军，以人均计算，加拿大所产出的物资比任何其他联合国家都多。

她展望战后的前景，认为“吾人应激于道义，奋勇前进，尝试各种建立一较美满世界之可能途径”，而不能徒然，默坐等待。她以1555年西欧宗教改革的成功和1867年英属北美法案的通过为例，说明“只须始终努力，志在必成”。她又以加拿大能融合两大民族于一强大和谐的国家中为例，证明“实现世界大同”，人类可从加拿大效法很多，那就是“合作与协调，”而不是“民族间压迫与榨取”。

宋美龄的上述看法很有见地，颇具世界眼光，同时又让人们认识团结合作反对日本法西斯势在必行。

接着，她参观了图书馆，并巡礼阵亡将士纪念碑。她短暂的加拿大之行同样收到了良好效果。

十五、宋美龄旋风

加拿大之行结束后，宋美龄一行回到美国，到白宫向罗斯福夫妇辞行。蒋介石在6月18日三次致电宋美龄，请她与罗斯福再商谈几个问题：一、希望美国“能加派陆军若干师，如不能派来三师，在二师亦可”。二、希望“俄能模仿给美国以西伯利亚空军根据地，直接轰炸日本”。三、“对于战后远东和平与善后处理之各种政策”，应按照蒋介石说过的办，与罗斯福详细讨论后作一结论带回。四、“关于旅顺、大连问题，中国只可与美国共同使用，而不宜与其他各国共用，尤其旅顺港更应绝对保留为要。将来大连或可作为自由港，但亦须看俄国对于外蒙等边疆问题，能否尊重我主权而定”。五、相继提出“史迪威问题”，但不必太正式，也不提出撤换，“只以真相与实情告之如下：史迪威在华如只对余之个人不能合作，则余为大局计，必能容忍与谅解，不足为虑。但其态度与性格对中国全体之官兵与国民成见太深，彼终以20年前之目光看我今日中国革命之军民，不只动辄欺侮凌辱，而且时加诬陷与挟制，令人难堪。而其出言无信，随说随变，随时图赖，故自史氏来华与缅甸失败以来，在此一年间，中国军队精神不惟因彼之来华援助未有获益进步，而且益加消沉与颓丧。以史对华之态度与心理所表现者，几乎视中国无一好军人，无一好事情，根本上不信华军能作战，更不信华军能有胜利之望。彼之心理即对华军无信心，若且如欲其指挥华军求胜利，岂非缘木求鱼。甚望罗总统明了此中真相与现状，甚恐负其对华之盛情，使其将来失望，故不敢知而不言也。”

对于蒋介石提出的前四件事，宋美龄没有异议，对于史迪威一事，则“恐因不满我方之真实评议，反使进攻缅甸计划障碍丛生”，又由于“一切计划及联络均有史氏接洽，今突然提出易人，恐害联系”，因此请蒋介石三思而后行。蒋介石遂答复，对史迪威事并非正式要其撤换，不过使之察知实情而已，待有便乘机以闲谈出之，否则不谈也可。蒋介石接受了宋美龄的建议。

遵照蒋介石的指示，宋美龄于22日应罗斯福夫妇之约，前往白宫作最后的会晤，洽商结果如下：一、罗斯福答应派两师赴缅甸作战，于9月准备完毕。二、宋美龄认为丘吉尔对缅甸海、陆、空总攻一事仍不热心，虽然也能口头答应，但总觉其缺乏诚意，届时未必履行。然而罗斯福认为缅甸原系英国属地，中、英、美又为联盟国，不便迫使巩固实行。三、宋美龄指出丘吉尔心目中只有英、美、俄三强国，将把中国摒于门外。罗斯福问将来与蒋介石会晤时是否约丘吉尔参加，宋美龄答称可由罗斯福直接与蒋介石会晤时商谈决定。四、关于大连、旅顺、台湾中美海军共用一事，罗斯福认为可以，并说俟中国准备完妥以后，美国即可退出。五、罗斯福认为朝鲜可暂由中、美、俄共管。六、前国联交日本保管之太平洋各岛，罗斯福认为战后可由盟国接收组织暂时共管。

此前，宋美龄就缅甸问题与罗斯福等进行了磋商。自从 1942 年缅甸被日军占领后，美国向中国供应物资的陆路交通就完全切断，只能越过危险的驼峰航线空运物资，运量有限且消耗很大。为了支持已在反法西斯战线鏖战 6 年的中国继续抗战，从而减轻英、美两国压力，罗斯福主张除维持空运接济外，还必须打通陆上运输线，这就要反攻缅甸。宋美龄就反攻缅甸问题进行活动。

反攻缅甸海陆两栖作战的关键是，英国海军能否从孟加拉湾进行配合，而英国不愿这样做，意图取消缅战计划。于是宋美龄向蒋介石建议："反攻缅甸可分两步骤，此时无妨暂以 5 月 4 日妹与罗协定作为局部反攻缅甸中美合作根据，俟腊戍收复后，再进行全面反攻。届时胜利在握，于心理上构成较有成功希望。"但自从去年缅甸战场吃过英国人的亏后，蒋介石一直耿耿于怀，他坚决不同意局部反攻，回电说："对反攻缅甸事，在军事上非先占领仰光，决无克复腊戍与曼德勒之可能，如去年，徒然牺牲我军，不仅无益，而且真有灭亡之危险。此事关系重大，切不可谦让。故英美如无意攻仰光，则我军决不能攻腊戍与缅北，此应坚决说明，不可留有回旋余地。”放心不下的蒋介石6月9日又致电宋美龄，认为如果攻缅海军以英国为主力，则恐其届时不能履行计划，甚是可虑，仍希望美国能派有力海军自动发起攻势。这一未决的问题成为开罗会议的重要议题。

她和罗斯福的会谈，就战后中国和亚洲不少问题取得的共识，为后来的开罗会议作了铺垫。不少人认为，正是宋美龄对美国的熟悉与了解及其在国际社会的周旋，才使得蒋介石得以被邀参加1943年有罗斯福、丘吉尔等巨头参加的开罗会议。《纽约时报》刊登长篇报道，记述宋美龄对20世纪中国的影响，称她为“耀眼的、专横的政治家”，在国民党统治下的中国有着重大影响。

毋庸置疑，宋美龄访美获得了极大成功。她所受到的接待许多在美国接待外宾史上是破例的。她得到了许多外国元首都得不到的礼遇和殊荣。一家《论坛》杂志报道说：

> 罗斯福总统先后邀请宋美龄在白宫和海德公园私邸小住，并陪她出席国会演说，出席记者会，这在美国接待外宾史上是破例的事。特别是宋美龄，正式应邀在参众两院联席会议上发表演说，并出席两院外交委员会盛宴，以及在洛杉矶碗形广场对美国公众发表演说，这都是来访美国的绝大数

外国元首所不曾享受过的殊荣。

她的这次访问亦是相当轰动的。正如她访问结束后美国报界评论的：

蒋夫人在这次直到1943年5月才结束的长期访问过程中公开露面时，博得了人们极大的钦佩和欢迎，这是自林德伯格成功飞越大西洋以来，任何人都没有受到的待遇，正如威尔基预计的那样，美国人对她“洗耳恭听”。（转引自《史迪威与美国在华经验》下册，第350页，商务印书馆1985年版）

宋美龄访美之行，足迹横贯美国东西大陆，其间3次访问白宫，并访问加拿大，会见荷兰女王威廉明娜，历时7个半月，行程5万里。这一路的演讲与宣传，使无数美国人为她的激情、决心和美貌着迷。宋美龄掀起了一阵席卷美国的旋风，各种媒体报道铺天盖地，受到各方的称赞。

罗斯福发表文章赞扬宋美龄说：“由此演说，可知蒋夫人不但因为是蒋委员长的夫人，而是由于她本人有其伟大性格和卓越劳绩，作为其人民的代表，受到举世的尊敬和重视。”

美国第一夫人在《时代》杂志封面刊登宋美龄大幅彩照时留下

的手迹是："蒋夫人是一个很可爱的人，意志坚强，肯定不是感伤主义者。她的到来，标志着对一位妇女的承认，这位妇女靠自己的品德和所做的贡献，在世界上取得了地位。"

宋庆龄对宋美龄的美国之行这样评价："ML（指美龄）看起来是这样阔绰高贵，举止又是那样的像最时髦的名流……不管人们怎么说，她为中国做了最广泛的宣传，并且正如她自己对倾慕的人的一次集会上所说，'我让美国人看到，中国人不全是苦力和洗衣工人！'我想，中国必须为此而感激她。"

的确，她是一个出色的外交家。此行的目的是争取美国政府和人民的援助，但她的演说以维护中国国家尊严，宣传中国抗战对全世界的贡献，阐明中美友好关系为原则，以世界眼光说明国际合作的必要性，慷慨激昂，义正辞严，丝毫不见乞怜的痕迹，但每次演讲却使美国人民众口一词要求政府加快加大援华力度，民众亦慷慨解囊纷纷捐助，有的捐款来自幼童，说明已空前激发了美国人民对中国表示友谊的强烈愿望。曾几何时，中国派宋子文去美国争取500架飞机，却被告知"这比要500颗星星还难"。此次美国不但供给几百架飞机，每月空运近万吨物资支援中国抗战，而且派技术人员及机器来华帮助中国建立炼油厂。这就是罗斯福在民意支持下放手援助中国的结果。她此行还接受了美、加各方面人士的大量捐助，对中国的抗战事业所起的作用是不可低估的。

当时想先集中全力把欧洲战事了却的马歇尔也向记者惊叹说，

蒋夫人是他所见到过的最难对付的说客。

而英国驻美大使哈利法克斯都怕美国受到“蒋夫人旋风”的影响，答应中国一些做不到的事。

6 月 29 日，罗斯福致电蒋介石：“夫人此次访美，余认为乃一大成功。”

宋美龄在美国还为促进肯尼迪法案的通过以取消对中国的移民限制做出了努力。前面提到在 2 月 17 日，美国参议员肯尼迪曾自华盛顿致信宋美龄，说到此事。宋美龄对同胞之事至为重视，第二天在参议院的演讲中以此做开场白，引起大家注意，之后大力推动。她 6 月 16 日致蒋介石的电报中表明，肯尼迪提案拟修正中国移民法一事，“对我国际地位极有关系，此议案如通过，则心理上之影响及效力较租借法案更有价值。”她指使驻美大使魏道明采取积极措施，促使该法案通过。宋美龄的来访使得美国方面对中国的同情达到最高潮，对此事的解决是颇为有利的。果然，过了不久，美国移民法中取消了对华的歧视。9 月 30 日，参议院就此开始辩论。鉴于国会中尚有阻力，罗斯福与 10 月 11 日致函国会，敦促尽快废除《排华法》，允许中国人移居美国，允许中国侨民归化为美国公民。他认为国家和个人一样，也会犯错误，美国要有足够的勇气承认过去的错误并加以改正，而通过废除《排华法》，美国就可以改正一项历史性措施。12 月 17 日，法案由国会通过，并随即由总统签署。至此，延续了 60 年的《排华法》终于成为历史中的陈迹。

为什么宋美龄在美国如此受欢迎呢？

其一，太平洋战争爆发后，整个地球表面几乎都已成为战场。“不要忘记珍珠港”成为激励美国人民投身反法西斯战争的口号，人民反日情绪高涨；而在以往，中国是抗击日本法西斯的惟一战场，伟大的中国抗战所表现的民族伟力、所取得的辉煌成绩，一扫中国以往的贫弱形象，令国际社会刮目相看，美国人民把这种敬佩之情集中表现在对宋美龄的欢迎上。

其二，美国的全球战略需要。罗斯福从美国的根本利益和世界反法西斯的战事全局出发，仍坚持欧洲第一，先欧后亚的战略方针。英美强调，德国是头号敌人，打败德国是胜利的关键。为对付不可一世的希特勒德国，英美必须把战略重点、主要兵力放在欧洲。但是实现这一战略的前提，中国坚持抗日，能够拖住日本，从而在战略上保证英国、美国和苏联等主要盟国集中兵力先打败德国，然后腾出手来收拾日本。

罗斯福总统对儿子埃利奥特·罗斯福说：“你想想看，如果中国屈服，会有多少日本军队脱身出来？那些部队会干什么呢？会占领澳大利亚、占领印度，会像摘熟梅子一样轻而易举地占领那些地方，然后长驱直入，直捣中东……那将是日本和纳粹的大规模钳形攻势，在近东某处会合，完全切断俄国同外界的联系，瓜分埃及，切断经过地中海的所有交通线。难道不会这样吗？”

在艰难岁月，面对一个持久抗战的伟大民族，面对一个与本国结盟共同抗击日本法西斯的国家，美国审视反省自己以往的对华政策，竭力改善大战中的两国关系，如在联合国家宣言签字国的排名商讨中，美国坚持中国必须置于与美、英、苏并列的四大国行列，而反对英国首相丘吉尔的“不能把重庆政府看作是代表一个世界大国”的看法，美国认为中国是“在自己国内积极从事作战的国家”之一，应有别于一般国家。最后，英国被迫做出让步，同意美国意见，中国排在第四位，再后面则是其余的 22 个国家，依其国名英文字母顺序排列。

欢迎宋美龄，支持她的求援行动是美国政府联华抗日政策的需要。

其三，宋美龄个人的因素亦很重要。她的华美、高贵、典雅的装扮和富有东方美的气质，不卑不亢的态度，落落大方的得体谈吐，在首脑间直接的外交活动不频繁的当时，极易引起轰动。同时她的基督教背景，在美国成长的人生经历，对美国文化的深刻理解与把握，包括演讲时使用的深奥而恰到好处的词汇，纯正浓重的美国口音，都让美国人着迷。有人评论道：“从未有人像蒋夫人一样，曾在美国的首都激发出更多的热情。一位有文化、有品位、有认识、有口才的女士，使我们随着她对自己国家的热爱而沸腾……”

正如她的母校卫斯理安女子学院前院长麦克菲女士所言：“蒋

夫人对东方可以代表西方，对西方可以代表东方，吾人能有蒋夫人其人，深信双方必能如弟兄手足，真诚合作，达到最后胜利。”

美国作家西格雷夫也说：“对美国人来说，她是中国贫民的公主，在中国的美国女儿。”这种中西合璧的优势能唤取美国人的特殊感情，不足为奇了！

不容否认，宋美龄的这次访问也给美国留下一些不好的印象，主要是她在生活上要求过于奢侈，例如在白宫居住时每天换四五次丝绸床单；在芝加哥不住对华救济联合会地方委员会为她提供的棕榈大厦宾馆的半层楼，却要对方再花几千美元住德雷克饭店；她的穿戴也格外奢华，经常是连鞋上也镶嵌着珍珠。

就在宋美龄回国的路上，发生了一件也许她本人并不知道但影响极坏的事。据当时在中国为美国陆军情报局工作的格雷厄姆·裴克说：“当美龄的行李在阿萨姆的一个机场卸下来，以减轻她的飞机的重量从而进行穿越喜马拉雅山的危险飞行时，行李被装上美国陆军的一架运输机。”“从事这项工作的美国军人不小心把一个柳条箱砸坏了。柳条箱裂开后箱里装的东西都滚出来……里面全是化妆品、女睡衣、高贵的百货物品，蒋夫人打算使用这些物品一直到战争结束。美国军人看到这些物品很生气，因为那个时候是一年中喜马拉雅山运输最困难的时刻，许多美国飞行员为了把军用品运进中国而丧失了生命。军人们把他们转运的所有其他柳条箱都砸破。他们把所有的皮大衣和精巧时钟在尘土地上踢来踢去，一直到等在那里的飞机将要起飞时才把这些乱七八糟的东西扔进飞机里。”

1943 年 6 月 28 日，宋美龄历时 7 个多月的北美大陆之行结束，自美国南部某机场登上美国政府准备的四引擎巨型飞机启程返国，董显光和孔令伟随行。一路上却是险象环生。先是在飞机航行于巴西一带时，忽遇另一架飞机迎面飞来，险些儿相撞，幸而驾驶员机敏，迅即闪过；飞越大西洋上空时，因预防敌机骚扰，灯光全熄，又遇一架飞机迎面而来，分不清是敌机还是友机，驾驶员紧急转变方向，躲过这架飞机；飞经非洲上空时，曾遇暴风雨；飞抵印度时，忽然油箱漏油，与地面失去了联系，机长准备觅地降落，幸而他一转念又继续飞行，才没有误落缅甸的日军占领区。

1943 年 7 月 4 日下午 5 时，一路艰难险阻，宋美龄的座机终于安全抵达重庆。7 月 11 日，重庆各民众团体在夫子池新运广场举行了欢迎宋美龄归国大会，欢迎宋美龄的载誉归来。

十六、开罗之行

1943年的宋美龄让人瞩目，她频频在国际外交舞台上亮相，6月底刚结束北美大陆之行，11月下旬又出现在埃及金字塔旁，与英、美两国首脑谈笑风生。

这次，她是陪蒋介石出席盟国在开罗召开的中、美、英三国首脑会议，是会议期间蒋介石与罗斯福、丘吉尔沟通时不可缺少的人物。

开罗会议是第二次世界大战中世界反法西斯统一战线的一次重要会议，它的召开具有特定的背景和特殊的任务。

1943年，第二次世界大战的格局发生了根本性的转折，战事向着有利于反法西斯的方向发展。苏联红军在打击德国法西斯的战争中掌握了主动权并转入了战略总反攻，英、美联军也先后取得了北非战役的胜利，击垮了意大利法西斯。德国占领下的法、比、荷、波、捷、挪威、丹麦、希腊、阿尔巴尼亚等国的民族解放运动有了蓬勃的发展。同年 8 月，美军在瓜达卡纳尔岛消灭了日本的全部守军，日军丧失了作战主动权，美军转入战略总反攻。在这种情况下，有必要对如何加快战争进程，不让侵略者有任何喘息之机，尽快结束法西斯侵略进行会商。同样，因为战争即将取得胜利，作为大国美、英、苏已经在开始思考战后的世界格局，有必要对世界态势进行有利于各自战略利益的规划。

1943 年，美国总统罗斯福就战后的世界安全和秩序，提出了建立美、英、苏、中四国警察力量的计划；8 月间和丘吉尔在加拿大魁北克的会议中，着重讨论了战后的世界秩序重建问题。10 月 19 日，美、英、苏在莫斯科举行三国外长会议，通过了《普遍安全宣言》，确定最后消灭法西斯和战后国际安全的普遍原则，提出要“以爱好和平国家主权平等之原则为根据”，成立一普遍性的国际组织，这也成为后来联合国宪章的基本思想。

美国总统罗斯福一直有把美、英、苏、中四国树立为世界“四大强国”的构想。罗斯福的理由是：有五亿中国人站在我们一边，这在“紧接着战争结束以后的时期”是会“非常有用的”。所以罗斯福主张必须正式承认中国为四大强国之一。而苏联反对美国的这种设计。

赫尔提出让中国成为宣言共同发起国，在美国强硬坚持下，苏联外长莫洛托夫于 10 月 26 日表示同意在没有中国外交部长参加的外交部长会议上，由中国驻苏大使傅秉常签字。1943 年 10 月 30

日发表“四强宣言”。由此，中国总算挤入“四强”之列，并为战后中国成为联合国安全理事会常任理事国的地位奠定了基础。

接着，罗斯福又以极大的热情，发起召开四大强国首脑会议，目的是讨论盟国将要取得胜利的协同作战问题。

1943 年 10 月 28 日，蒋介石接到罗斯福电报，邀请他参加大国首脑会议。1943 年 11 月 9 日罗斯福第三次给蒋介石致函，邀请他于 11 月 22 日到开罗参加四强会议。

会议原本计划由美、英、苏、中四国首脑参加，鉴于斯大林拒绝参加有蒋介石参加的国际会议，罗斯福和丘吉尔经商议决定把一个会分两次来举行：中国人参加，苏联人不参加的开罗会议；苏联人参加，中国人不参加的德黑兰会议。无论如何，这是第二次世界大战期间，同盟国会召开的十几次最高级会议中惟一有中国参加的一次。能够参加中、美、英三国最高首脑会议，商讨国际事务，这不仅标志着蒋介石，也标志着中国在世界地位的上升。

弱国无外交，近代中国积贫积弱，在世界上毫无地位可言，毫无外交可谈。世界反法西斯战争中，中国千百万将士的浴血奋战，终于使中国在国际事务上拥有了发言权，使英、美等大国不得不重视中国的地位和影响。可以说，开罗会议是中国孤军抗战，打出亚洲，走向世界加入同盟国，挤进世界四强之一的第一个高峰会。

蒋介石接到罗斯福一封封热情的邀请电，既喜且忧。喜的是与世界级领袖人物会晤，提高了自己在国际政治中的地位和国内民众中的威信，同时可以利用会晤的机会，争取外援；忧的是中国实力与英美无法相提并论，他在会上可打的王牌寥寥无几，无法对会议产生重要影响。因此，他决定采取低姿态，在日记中说他是本着“无所求、无所予”的态度参加开罗会议的，但他对于这次会议十分重视，也作了一些必要准备。会前他就中国方面对于将在开罗会议中提出的问题整理了一些意见：第一，在战略方面的主要提案为：反攻缅甸海陆军同时出动之总计划，成立中、美、英三国联合参谋会议。第二，在政治方面的提案为：东北四省与台湾、澎湖应归还我国，保证朝鲜战后独立，保证泰国独立及中南半岛各国与华侨之地位。第三，筹建战后有力的国际和平机构。第四，对日本投降后处置的方案。第五，中、美经济合作的提议。第六，对美租借物资的提案。

蒋介石深知此行的意义非同凡响，夫人在国际事务上见识不凡，自知在开罗会议上少不了同丘吉尔有一番较量，便在开会前向妻子咨询。宋美龄将她对罗斯福和丘吉尔的认识，以及对当前国际形势的看法，一一向蒋介石阐述，使蒋介石在会议召开前，对形势有一个细致的估量。

11 月 18 日，在宋美龄的陪同下，与国防最高委员会秘书长王宠惠、军事委员会办公厅主任商震、侍从室一室主任林蔚、航空委员会主任周至柔、中宣部副部长董显光、侍卫长俞济时等 16

人，乘飞机启程，于21日抵达开罗郊外的培因机场。

为了保证会议的绝对安全，在开罗的吉萨金字塔附近的卡塞林森林区一带已经布置了一旅的兵力，把这里变成了与外间隔离的禁区。森林中星罗棋布的各国达官显贵们的花园别墅都安排了用场。罗斯福住在美国大使柯克宽敞的别墅里，丘吉尔住在英国中东大臣凯西舒适的房子里，二者相距3英里，而蒋介石夫妇则住在第一号别墅，距离丘吉尔的住处仅半英里。

十七、最好的沟通者

11 月 23 日，开罗会议在可以眺望金字塔的米纳饭店里开幕。罗斯福、丘吉尔、蒋介石及这三国的高级幕僚均出席了第一次会议。

会场四周戒备严密，这一带布置了 500 门高炮对空警戒，所有的道路上都布置了最严密的警戒线。为了做到万无一失，英国在几百公里外的亚历山大港安排了 8 个空军中队，随时准备截击从希腊或罗德岛方向可能袭来的德国飞机。

上午 11 时，三巨头相见了，当时蒋介石 56 岁，罗斯福 61 岁，丘吉尔 69 岁。三人各有各的算盘。罗斯福在会前即踌躇满志地对儿子埃利奥特谈到对世界局势的看法，美国将起的作用："美国将不得不出面领导，领导并运用我们的斡旋进行调解，帮助解决其他国家之间必将产生的分歧；俄国和英国在欧洲，英帝国与中国、中国与俄国在远东，我们有能力做到这一点，因为我们是个强大而自足的国家。英国在走下坡路，中国仍在18世纪之中，俄国猜疑我们，而且使得我们也猜疑它。美国是能在世局中缔造和平的惟一大国。这是一项巨大的职责，我们实现它的惟一办法是面对面地与这样的人会谈。”这段话形象地说明了罗斯福想做战后世界的“领袖”。与罗斯福相比，丘吉尔不那样踌躇满志，他主要关心欧洲战局，另外他是一个殖民主义色彩极浓的政客，无视中国人民长年的浴血奋战，为世界反法西斯所做出的巨大牺牲与贡献，认为美国人大大夸大了蒋介石政府在反法西斯战争中发挥作用的能力。他最关心的只是不让日本进入英属印度，以及收复新加坡这块陷落的基地，继续保持英国在整个亚洲的殖民利益。蒋介石夫妇则是要求英国协助进行缅甸反攻，争取美国更多军援物资和贷款，并收回被日本占领的东北、台湾、澎湖等群岛。

与戎装满目成鲜明对比的是，宋美龄是与会者中惟一不穿军装的女性。据史迪威记载：“宋美龄穿着一件绣着金色菊花的紧身黑缎旗袍。她的头发上和露出脚趾的高跟鞋上，用黑色丝带打着蝴蝶结，她尽力以她那优雅的举止和旗袍开衩处一闪一闪地露出她的匀称的腿来吸引与会者的注意力。”

在整个开罗会议期间，宋美龄作为蒋介石的翻译、秘书和顾问，始终陪在他身边，为他出谋划策，针对会议中出现的任何问题她都与会讨论，可以说对会议全盘过程，她比蒋介石了解得更彻底，更具明细轮廓。因为两位说英语的国家首脑和一位说英语的第一夫人，可以自如地交谈，用不着任何翻译。开罗会议曾留下了一张历史性的合影照片：在尼罗河畔，四位并排而坐。照片上，左起第一人为蒋介石，他身穿军装，高领上缀着三颗星，带着白手套，手里拿着饰有国民党青天白日圆形徽章的军帽。挨着蒋介石的是身着黑色西装的罗斯福总统，他以高超的技巧侧身面向蒋介石，好像在跟他进行谈话似的。第三位是丘吉尔，他身穿一套白色西装，一双白色皮鞋。最后一人是宋美龄，她穿着她常穿的黑缎旗袍，外面罩一件白色短外套，脚上穿着白鞋子，饰有素雅的蝴蝶结。从宋美龄的位置和表情上，可以看出她在会议过程中所起的作用。尽管她坐在一边，可耐心中不失信心，热情中不失风度，身体稍倾随时准备发表自己的见解，以施加自己的影响力。宋美龄在会议中十分活跃，在罗斯福和丘吉尔不熟悉蒋介石或说是对蒋印象不佳的情况下，她成为蒋介石和罗斯福、丘吉尔之间最好的沟通者。

史迪威和陈纳德都参加了这次会议。蒋介石希望史迪威在开罗会议上“力陈中国在战胜日本过程中的军事作用，说服大会接受中国所提出的要求”。为此，蒋介石一面接受了史迪威替中国起草的计划，准备在开罗会议上拿出来。另一面，他派宋美龄拉上宋霭龄去做史迪威的工作，希望他在开罗会议上能为中国多多美言，出面“帮助协调好中国和其他大国的关系”。

简单的开场白后，代号“六分仪”的会议正式举行。根据事前协商，推定罗斯福担任会议主席。他首先致简短的开幕词：“今日开会仪式虽简，但本会为历史性的会议，因为这是美、英、苏、中莫斯科会议四国宣言之具体化，它将对今后数十年的世界形势产生深远影响。我和尊贵的丘吉尔先生曾经多次会面，我们是老朋友了。委员长阁下和我们是第一次会面，我愿借此机会，向尊贵的蒋委员长、美丽的蒋夫人和中国代表团表示热烈的欢迎。”宋美龄和蒋介石点头致意。

会谈分政治问题与军事问题。政治问题主要是战后对日本的处理问题，由霍普金斯起草的关于政治问题的几项意见，蒋介石夫妇完全同意。只是经军令部第二厅厅长杨宣诚提议，在日本应归还中国的领土中加上澎湖。全部内容与开罗会议最后公布的共同宣言相同。

在讨论亚洲行动时，三国发生了分歧，整个会议几乎成了关于远东战略问题的辩论。

首先由东南亚盟军总司令蒙巴顿将军说明收复缅甸的整个计划，他打开黑皮包，取出一叠厚厚的文本和作战地图，那是魁北克会议之后盟军联合参谋长会议制订的缅甸作战计划。他说：“感谢蒋委员长将中国远征军交余指挥，参加收复缅甸及打通中印公路。”接着，他详细阐述作战计划，战役从1944年开始，中国军队在缅甸北部，英国军队在西部同时发起进攻，计划于4月收复北缅。

蒋介石夫妇越听越不对劲。蒙巴顿在重庆时不是说得好好的吗？说有大批英国舰队投入反攻，怎么这时只字不提了呢？现在说的方案好像只是要打一场有限的北缅战争，而且把最困难的野人山地区的行动交给中国军队，简直欺人太甚。蒋介石皱起了双眉。

蒋介石发言。他认为：反攻缅甸胜利的关键完全在于海军与陆军的配合作战同时发动，“盖如此，则吾人在海上可获得制海权，以断绝敌人由海上增援与补给，再加我空军对敌后方交通不断破坏，则我陆上之进展，始容易而确定。否则敌军则由海上转运，源源增加，补给自如，我军胜利殊无把握。此点必须特别注意。余之意见，如海军未集中，则陆军虽已集中，仍少胜算把握。”

在座的三国参谋长们立即明白了蒋介石的意思：如果英国方面不从缅甸配合，则中国不愿投入一场没有多大把握的局部作战。

为了说明缅甸战场的重要性，蒋介石接着说：“吾人须知敌人绝不轻易放弃缅甸，必经一度苦战。盖缅甸如失败，则彼在华南、华中皆将不守，所以敌对缅甸作战，必将尽其可能使用全力。据情报，敌在缅使用兵力可达 10 个师团，如果后方不予截断，则敌仍必增加，希望罗总统、丘首相特别注意。对日本人最重要的战场有三：一为缅甸，二为华北，三为东四省，由此可见缅战之重要。质言之，陆军集中，必须海军同时集中，亦可说陆军集中之日，由海军集中之日而定。”

在以后的会谈中，各方代表尤其是中、英双方对缅甸战事进行了激烈的争论，但英方就是不明确英国海军在孟加拉湾集中的时间。蒋介石夫妇一再要求英国海军集中于孟加拉湾并从南缅登陆，配合中国军队南北夹击，收复缅甸全境，以恢复滇缅公路，确保中国的补给线。

开始，美国不少人赞同蒋介石提出的缅甸采取海陆两栖作战的行动，也就是史迪威建议书的内容，即英国动用海军攻占缅甸的安达曼群岛，并登陆攻取仰光，在钦敦江上建立桥头堡，派空降部队占领英都，以控制通往密支那的铁路线。这个计划的代号为“海盗”。马歇尔认为蒋介石同意从云南出兵，打通缅北交通便有了保证，因此支持这一计划。

应该说，这项“海盗”计划的实施对恢复和维护英国在印、缅的殖民利益是有好处的。但英国方面从“欧洲中心论”出发，认为“海盗”行动会削弱英国在欧洲的兵力，因此坚决反对，只要求中国单独在缅北作战，牵制住日军不向英属印度进攻就可以了。英国海军集中的时间不确定，两栖作战也就是一句空话。

对于英方的虚与委蛇，蒋介石夫妇非常气愤，因为缅甸不能收复，滇缅公路打不通，美国援助的物资就不能大量运到中国来，从而也就削弱了中国的抗战力量，而如单独从缅北发动战役，势必遭受重大损失。蒋介石在11月30日的日记中写道：“开罗会议之经验，英国绝不肯牺牲丝毫之利益以济他人……英国之自私与贻害，诚不愧为帝国主义楷模也。”

英国人的自私与贻害还表现在其他事情上。当蒋介石向马歇尔提出中方派人参加英美参谋长联席会议的要求时，马歇尔答应在讨论有关中国方面事务的时候接纳中国代表参加，可是英方坚决反对，英军参谋长们根本不同意中国进入这个军事组织活动。为此，罗斯福非常恼火，对丘吉尔当面指出，这是英国人不愿中国成为一个强国，有意压抑中国。但丘吉尔装作没听见，他明白美国这样做的结果是什么，认为一个在美国扶助下强大起来的中国只会对美国有好处，而对英国在亚洲的霸权地位却会提出挑战。

罗斯福对丘吉尔的态度也非常不满。但他极力说服蒋介石尽快出兵缅甸，他愿以人格保证，只要缅北战役揭开，英国的海军必能同时采取行动，那时若英国不在孟加拉湾部署海军，就由美国填补这一空白。此外，美国将派遣经过严格训练的 3000 名远程突击队员参战，在物资上也保证供应。蒋介石经再三权衡，最后也没有做出中国单独发动缅北战役的保证，坚持一切都应该是有条件的。由于各方的分歧，对缅甸作战未达成任何协议。

在会议上讨论的与缅战相关的另一问题是关于喜马拉雅山的“驼峰航运”。

在五天的会议中，三国巨头高峰会一次，美、中首脑对谈四次，英、中首脑会晤三次。对蒋介石夫妇而言，中、英会谈除讲解缅甸作战计划外，大部分时间属应酬性质。而与罗斯福会谈内容要广泛得多。蒋、罗会晤涉及战后国际政治、战时军事经济以及敌国占领处置等等，范围甚广，内容也最丰富。中、美幕僚间的接触以及蒋氏夫妇对美方重要人员的招待与会商，都比中、英之间更为亲切。

十八、罗斯福的晚宴

开罗会议期间，蒋介石夫妇多次与罗斯福总统单独会谈，着重商讨了太平洋战区的战后安排问题。

23 日晚 7 时，一辆悬挂着青天白日满地红国旗的黑色大轿车驶至罗斯福门前，蒋介石和宋美龄走出汽车，来赴罗斯福的晚宴。双方进行了私下会谈，一直到深夜才结束。在座的只有罗斯福、霍普金斯及蒋介石夫妇 4 人。双方会谈的内容非常广泛，战后问题是交谈的主题：

一是关于领土问题。中、美双方一致同意，“日本攫取中国之土地应归还中国”，包括东北四省、台湾及澎湖列岛。对琉球群岛，蒋介石夫妇提出由国际机构委托中、美共管，目的是可使美国安心，以免将来发生争议时处于孤立地位。对于香港，罗斯福提议“由中国先行收回，然后即宣布与九龙合成为全世界的自由港”。蒋介石夫妇深以为然，希望美国从中疏通，使中国至少能收回九龙，但遭到丘吉尔的断然拒绝。关于太平洋上日本所强占的岛屿，双方认为应永久予以剥夺。关于中国的外蒙古和唐努乌梁海，蒋介石夫妇认为在历史上一直是中国的一个组成部分，应当与苏联谈判解决。罗斯福表示关切。

二是关于对日本的处置。罗斯福指出，美国国内舆论要求追究天皇的战争责任，废除日本天皇制。蒋介石曾留学日本，深知日本国民对于天皇的崇拜，回答说："这个问题，我认为除了日本军阀必须铲除，不能再让其起来预闻日本政治外，至于他国体如何，最好待日本新进的觉悟分子自己来解决……我们应该尊重他们国民自由的意志，去选择他们自己政府的形式。"关于对日本的军事管制，罗斯福希望以中国为主，以减轻美国对远东的负担。蒋介石夫妇认为应由美国主持，中国可以派兵协助，究竟如何处理，可视将来情况再定。蒋介石夫妇还提出战争赔偿问题，战后日本在华的公私产业应完全由中国政府接收。罗斯福表示赞成，允许日本以实物作为赔偿。

三是关于战后中国的国际地位。罗斯福希望在战后保持中国的大国地位，与美、英、苏共同担负维持和平的责任。蒋氏夫妇欣然应允。

四是关于中、美合作。罗斯福提出，为维护太平洋和平，战后美国应在太平洋各基地保持足够的军队，中、美双方应做出安排以便互相支援。蒋介石夫妇非常欢迎美方这一提议，要求美国帮助装备中国的陆海空军，并提出将旅顺作为中、美双方共同的基地。他这样做的目的显然是针对中共与苏联的，对此，罗斯福并未做出承诺。关于经济合作，蒋介石夫妇提出战后中国重建经济任务艰巨，迫切需要美国提供贷款形式的财政援助及各种类型的技术援助，要求美国帮助装备 90 个师，提供 10 亿美元的贷款。罗斯福表示对此将作周密而切实的考虑，实际上美国是要以“门户开放、机会均等”即全面开放中国市场为条件，这一点在 1946 年的《中美友好通商航海条约》谈判中暴露无遗。事实上，蒋介石夫妇所得到的仅是一句空洞的保证。

五是关于中国周边国家朝鲜、印度支那和泰国的独立问题。蒋介石夫妇从中国长期受外国压迫的民族主义立场出发，提议让这些国家取得独立。对于朝鲜，蒋介石支持流亡在中国的李承晚临时政府，但美国认为这种海外组织与其国内人民联系极少，不便予以支持，还要考虑到苏联的态度，因此罗斯福只同意朝鲜独立的原则，对支持临时政府未明确表态。其后，丘吉尔采取了同样的态度。苏联在后来的德黑兰会议上也同意支持朝鲜独立，然而由谁来组成独立后的朝鲜政府的问题上，各国的目标并不一致。在越南的问题上，蒋介石积极扶植越南革命同盟，支持越南国民党的“亲华、反法、抗日”运动，鼓吹越南独立，但对胡志明领导的越南独立同盟却不予以支持。后在英、法的坚决反对下，蒋介石夫妇不再提出让越南独立，而是国际托管，由中、美两国尽力帮助越南在战后独立。具体做法是，由中、美、苏、法、菲律宾各派一人，另选越南两人，成立托管机构，训练越南人建立自治政府。罗斯福表示认可。

另外，蒋介石夫妇与罗斯福还谈到了中国国内问题，尤其是关于中国共产党的问题。蒋介石一再辩称中共并非仅仅是内政问题，是苏联“赤化中国”的工具，他们勾画了一幅共产国际利用亚洲共产党“赤化”亚洲的可怕前景，建议美国从各方面防止共产主义在远东的蔓延。他们表示，中国可以向苏联做出某些让步，包括大连成为国际托管下的自由港，向苏联开放，但要求苏联必须支持中国国民政府，不支持中共。罗斯福则要求蒋介石以政治疗法解决中国问题，在战争尚在继续进行的时候与延安方面握手，组织一个联合政府。罗斯福有自己的打算，他希望战后有一个稳定的合作的大国作为美国在远东的伙伴，发挥更大的作用，以遏制日本，对抗苏联，参加对原殖民地的国际托管，从而加强美国在远东的地位。他曾对英国外相艾登说过：“中国既不会侵略，也不会成为帝国主义，而可成为抵消苏联力量有用的平衡力量。”所以他不希望国民党在内战中消耗力量。

蒋介石夫妇与罗斯福的会谈是“非常融洽”的，但会谈是在私下进行的，双方对会谈中所谈及的各项内容均不负义务，这使蒋介石的开罗之行大为逊色，特别是在要求 10 亿美元贷款一事上也未得到圆满答复。

蒋介石夫妇与罗斯福的会谈一直持续到深夜 12 点。这次会谈具有重要意义，随后起草的《开罗宣言》，其基本精神就是以这次会谈的内容为依据的。

在会谈后，罗斯福的儿子伊利奥问父亲对蒋介石印象如何。罗斯福回答："和我所预期的差不多。他和蒋夫人昨晚在这用晚餐，待到 11 点左右，他知道他需要些什么，而他也知道他不能得到他所需要的全部。但我们多少会想个办法解决。"罗又说："我昨晚和蒋氏夫妇的谈话中，知道了很多关于中国的事，知道那陷入停滞状态的战争以及为什么蒋的部队没打仗——尽管报纸上有战争的报道。他声称他的部队没有训练，缺乏装备，那是很容易理解的，但这无法解释他为什么极力阻止史迪威训练中国军队。这也无法解释他为什么要把成千成万的精锐军队摆在西北和红色中国的边界上。"

显然，罗斯福在与蒋介石热情友好会谈的背后，对蒋介石怀有深深不满，对他的信心大不如以前，这不是一直在旁充当翻译、美丽优雅的宋美龄的令人愉快的嗓音能冲淡的。因为美国"事实上，在中国的工作只有一个要点：我们必须使中国继续抗战，以牵制日本军队。"（《罗斯福见闻录》第 116 页）

十九、丘吉尔欣赏的女性

这次会晤，是蒋介石夫妇首次以大国的身份登上政治舞台，受到与会者的关注。

蒋介石事后谈了对罗斯福、丘吉尔这两个大腕级首脑的看法。他说，他与罗斯福倾谈甚欢，推许其为一具有远略的政治家，风度超脱，一见如故。认为丘吉尔为一现实的英国式的老政治家，实不失为盎格鲁-撒克逊民族之典型人物。其深谋远虑老成持重，于现代政治家中，实所罕见。并称对丘的印象较之平时想象为佳。

丘吉尔在回忆录中说："这是我第一次见到蒋介石，我对他的冷静、含蓄和敏捷的性格颇有印象，此刻他的权力与名望臻至顶峰之际。在美国人的眼中，他是世界最显赫的角色之一。他是'新亚洲'龙头。"

相对蒋介石，在整个开罗会议中，宋美龄成为了一个更引人注目的角色。她以蒋介石夫人与翻译员的身份出席了所有会议和宴会，并单独出去访友，代表蒋介石向各方致意。宋美龄优雅的谈吐、丰富的外交经验和大方得体的服装，给与会者留下深刻印象。加上几个月前访美活动的余韵还在，所以一到开罗即成为美、英代表团和三国新闻记者注意的中心。按道理蒋介石是代表中方的首脑，可对喜好排场和情绪容易冲动的西方人来说，对猎奇、追求新闻价值的记者来说，宋美龄却成了中心人物。

对于宋美龄，丘吉尔的评价很高，说她服装"极为潇洒合身"，说他与宋美龄曾有颇为愉快的对话，可看出她是一位非常特殊亦极有魅力的人，他告诉她，上次在美国未能晤面，实感遗憾。

在开罗会议期间，宋美龄与丘吉尔进行过几个小时的会谈。其中有几段有趣的对话：

丘吉尔：夫人认为我是一个很老的人，不是吗？

宋美龄：我真的不知道，阁下相信殖民主义，我不相信。

经过几个小时的会谈后，丘吉尔又问：现在告诉我，夫人对我的看法如何？

宋美龄：我认为阁下说的时候比做的时候要凶。

丘吉尔这个高傲的首相，后来曾不止一次地公开表示，宋美龄是他在世界上最欣赏的少数女性之一，她的骄矜和妩媚，都让人极为心动。丘吉尔对罗斯福说："这位中国女人，可不是弱者！"

在开罗会议期间，由于劳累过度，宋美龄的身体垮下来了。据悉，中国代表团里重要成员都能操英语，如王宠惠、郭斌佳、董显光、朱世明等，但宋美龄嫌他们为蒋介石所作的口译不够好，“无法转述委员长思想的全部意义，常亲自重译蒋的声明和对方的谈话。”蒋与罗与丘以及蒋和其他外国高级将领（如美方马歇尔，英方蒙巴顿）的对话，这些全由宋美龄一人挑大梁，口译兼阐释，工作颇为辛苦。蒋介石在会议最后一天的日记上写道：“今日夫人自 11 时往访罗斯福总统商谈经济问题以后，直至霍氏离去，在此 10 小时时间已疲乏不堪，从未见其有如此情状也。”（黄仁宇《从大历史的角度读蒋介石日记》第 343 页）

丘吉尔的医生莫兰为她进行了检查。当晚，莫兰在他的日记中写道：“她再也不年轻了。但是她有一种与众不同的神态，她虽然面容憔悴，但是还有某种魅力。”

英国外交大臣艾登在回忆录中说：宋美龄“待人和善，或许有一点像女王似的。显然习惯于自行其是，但却是一个勤勉而认真的译员，并不如我过去所听说的那样轻浮，爱发脾气。”他的感觉是“我挺喜欢他们俩。”

罗斯福也曾对一名记者说：“在开罗，我无法形容对蒋中正的任何看法。后来，我回想起这件事，我才意识到，我所知道的都是蒋夫人对我讲的她丈夫如何如何，以及他是怎样的。她总是在那里回答所有的问题。我可以了解她，但我对这位蒋先生，我却根本看不透。”

蒋介石夫妇举行茶话会，招待各国代表和来宾，宋美龄始终是主角，谈笑风生，非常受欢迎。记者们写道：“在茶话会中，蒋夫人受到了包围”。

蒋氏夫妇有一次在行邸举行鸡尾酒会。伊利奥代父参加，丘吉尔之女也到场，小罗斯福在《罗斯福见闻录》中记录了这次鸡尾酒会：

蒋夫人走到我的身边，毫不停留地把我带到了两张并排放着的椅子上坐下。我觉得她像一位颇为老练的演员。差不多有半个小时之久，女士生动，风趣的，热心的谈着，而她是设法把我来作为我们谈话的中心。这种恭维和魅惑的功夫之熟练到家是我多少年难得碰到的。她谈到她的国家，可是所谈的范围只限于劝我在战后移居到那里去。她问我是否对畜牧农场发生兴趣。那么中国的西北对我简直是最理想的地方了，她为我描画出一个有能力有决心的人从中国苦力的劳作中所能集积起的财富的金色画面以后，她把身子靠向前来，闪耀着光彩的眼睛凝视着我，似乎在说：同意我所说的每一句话，她的手轻轻地放在我的膝盖上。在最初的几分钟内，我极力的对自己说：这位夫人只是对我们之间的谈话感到浓厚的兴趣，在她的心中绝无其他任何动机。可是在她的神态之中有与绝对的真挚不相融洽的生硬的欢娱的光彩。我绝对不曾相信我是如此重要的一个人物，以致她认为必须将我征服，使我很快变成她的好友，为了任何将来的其他的目的。不过我却相信蒋夫人多少年来以一种征服人的魅惑与假装对他的谈话对方发生兴趣的方式来应付人们——尤其是男人——以致现在这变成了她的第二性格。而我怕看她的第一性格发作，说实话那会吓坏了我。

小罗斯福的评论有他深刻的观察力，也有他自身傲慢的影子。

宋美龄在谈判中所表现的机智得体，一定程度上弥补了蒋介石的古板木讷所带来的尴尬，缓和了场面，化解了危机。

一次，当蒋介石与英国蒙巴顿谈论缅甸作战计划时，蒋介石坚持在缅甸战役发起后，喜马拉雅航线的物资运输量必须保持每月一万吨，并坚持要535架次飞机。英方的蒙巴顿将军向蒋介石解释，即使能弄到那么多飞机，翻越喜马拉雅山运输那么多的物资也是难以保证的；而且，在缅甸的雨季使用空降袭击也是无法办到的。蒋介石说："罗斯福总统决不会拒绝我的要求，我要什么他就会给什么。"蒙巴顿感到十分惊讶，瞪大了眼睛，雨季是东南亚的自然现象，是战争中应当考虑的重要条件，蒋介石为何置之不顾？他们俩互相瞪视对方，半晌不说话，场面十分尴尬。这时，宋美龄在一旁来用英语半开玩笑对蒙巴顿说："不管你信不信，他不懂得雨季的事。”蒙巴顿听后，表示理解笑了，谈话气氛又开始轻松起来。

可以说，宋美龄在开罗会议上的光芒超过了蒋介石。

二十、《开罗宣言》

11月26日，罗斯福、丘吉尔、蒋介石三方举行了第二次会议，拟定了最后宣言。

1943年11月27日晚，在夜色朦胧之中，蒋介石和宋美龄带着获得了大国领袖地位的自豪感乘机飞离开罗。

12月3日，三国分别公布了《开罗宣言》。全文如下：

三国军事方面人员，关于今后对日作战计划，已获得一致意见，我三大盟国决心以不松弛之压力，从陆海空诸方面加诸敌人。此项压力已经在增长之中。

我三大盟国此次进行战争之目的，在于制止及惩罚日本侵略。三国决不为自身图利，亦无拓展领土之意。三国之宗旨在剥夺日本自1914年第一次世界大战开始以后在太平洋所夺得或占得之一切岛屿，在使日本所窃取于中国之领土，例如满洲、台湾、澎湖群岛等，归还中华民国。日本亦将被逐出其以武力或贪欲所攫取之所有土地，我三大盟国轸念朝鲜人民所受之奴隶待遇，决定在相当期间，使朝鲜自由独立。我三大盟国抱定上述之各项目标并与其他对日作战之联合国家目标一致，将坚韧进行重大而长期之战争，以获得日本之无条件投降。

罗斯福、蒋中正、丘吉尔

（签名）

从开罗会议过程中看，罗斯福对中国的抗战和蒋介石本人依然表现出较浓厚的兴趣，对中国在国际事务中应有的地位和作用，表现了热情和支持与合作的态度，因而保证了会议能够顺利地进行和取得积极的成果。丘吉尔则与他不同，始终抱着老牌帝国主义心态，把对日最后一战的安排始终定位于能否保证英国在远东地区殖民利益的恢复和保持，因此他在会议筹备时不赞成中国代表与会，会议举行过程中又蛮不讲理，不给中国人必要的权利，只要求中国让步，只要求中国为缅甸反攻出力，只要求中国人给英国人尽义务，甚至对中国军队反攻缅甸时英国军队应该在缅甸南部登陆一事也不愿意做出承诺。丘吉尔的态度，不要说蒋介石，连罗斯福都觉得既不体面也不合理。开罗会议规定美国军队将增加对太平洋上日军的进攻，中国军队在缅甸地区实施战略反攻，并且在过后不久召开的罗斯福、丘吉尔与斯大林参加的“德黑兰会议”中，又增加了苏联红军出兵中国东北和朝鲜北部，扫荡日本关东军的措施。同时，开罗会议期间，美国总统罗斯福同意增加对中国的援助，尤其是继续加强已经组织起来的第14航空队的运输和战斗实力，以确保援华物资的运输，进而确保国民党的正面战场将可以得到更多的美国援助，国民党军队的实力将整体提高。这对当时的中国战场取得对日作战的最后胜利有着重大意义。

还要特别提及的是，开罗会议正式以国际大国会议的形式，维护了中国的领土和主权完整。开罗会议决定，永远结束日本对外侵略、扩张的历史，规定日本无条件把在过去对外侵略过程中依靠武力无耻占领的外国领土交出来。在对华问题上，日本将被赶出中国占领区以外，日本在甲午战争中霸占的台湾、澎湖地区也将交还中国。

即使今天来看，无论从哪方面说，蒋介石、宋美龄的开罗之行都是成功的。这是两人惟一的一次参加国际首脑会议，既是夫妇二人外交生涯中的顶峰，也是政治发展史上的里程碑。特别是宋美龄，再展夫人外交的风采，作为蒋介石的翻译、秘书和顾问，始终陪在蒋介石的左右，为其增光添彩。在与罗斯福、丘吉尔的会见中，不卑不亢，大方得体，充分显示了其外交才干与风范。开罗会议也是宋美龄政治生涯的顶点。不过应让人谨记的是，蒋氏夫妇在抗战期间所得到的一切殊荣和成就，是由于他们的主张和努力契合了中华民族的根本利益，是建立在中国人民与日寇殊死搏斗的伟大民族解放战争的基础上的。当他们违背民族利益，站在一党一己的私利上与人民为敌时，其命运会重新改写。

二十一、慰问苏军

在宋美龄的外交生涯中，还有一次与苏联军队的“友好交往”。

那是1946年1月下旬，在东北最寒冷的时季，宋美龄以“第一夫人”的身份去长春对苏联军队做了一次劳军慰问。跟以前激情四溢、可圈可点的外交活动相比，这一次“友好交往”，纯粹是官样文章，宋美龄亦如被提线的木偶显得程序化、呆板，其过程与效果跟当时的气候一样：冰冷冷的。

这次外交活动出于太子蒋经国煞费苦心的安排。

1945年初，美国总统罗斯福为了推动第二次世界大战早日结束，减少美军的牺牲，与苏联和英国于1945年2月举行雅尔塔会议，要求苏联出兵中国，击溃日本关东军，达成《雅尔塔协定》。会后，罗斯福把雅尔塔的协议中关于苏联出兵的条件通知蒋介石。蒋介石踌躇、拖延，最后只能遵照执行。1945年8月7日，以外交部长宋子文为首、包括蒋介石的私人代表蒋经国在内的国民党政府代表团抵达莫斯科，14 日签署了《中苏友好同盟条约》。其时，苏联红军已于 8 月 8 日对日本宣战，迅速占领了东北全境，关东军全军覆灭。8 月 15 日，日本宣布无条件投降。

根据“中苏友好协定”规定，占领东北的苏军从日本投降后第六周起开始逐步撤退，在 3 个月内撤完，由中国接收地方主权。为实现顺利交接，协议规定：中苏双方首先是在现地进行外交交涉，即国民党政府派出代表与在东北的苏联驻军当局谈判苏军的撤军时间与程序。因此，1945 年底开始中苏外交交涉占据重要位置。为此，蒋介石任命在苏联待过十多年的儿子蒋经国为东北外交特派员，在长春设立外交特派员公署，负责与苏军驻东北最高统帅马林诺夫斯基元帅办理交涉事宜。

众所周知，蒋介石国民政府反共反苏，最担心的是苏联军队不肯撤走。为了完成使命，蒋经国绞尽脑汁，想尽各种办法。其中之一就是请出仪态万方的继母去东北慰劳苏军，以示中苏友好。

他根据与苏联会谈的情况判断，苏联表面上不会不遵守《中苏友好同盟条约》，但应看到苏联绝对不能容忍国民党独占东北而导致美国势力的渗入。因此，“目下决不能刺激苏联”，在东北实施亲苏政策，使共产党无隙可乘。根据上述指导思想，蒋经国趁 1945 年末中苏交涉出现短暂友好的“小阳春气候”的契机，向蒋介石建议：为了平衡中苏、中美关系，便利国民党政府在东北的接收，主张在苏联红军撤走之前，请夫人宋美龄也到东北长春对苏军做一次劳军慰问，表现中苏友谊。

依照协定，1945 年 12 月 3 日，应是苏军完全撤退的最后期限。苏军表示因故需要推迟到 1946 年 2 月 1 日撤军。苏联一拖再拖从东北撤军，其用意是：一是以“战利品”为借口，抢运东北的工矿设备；二是见美国动用海空力量日益加紧运送蒋介石的军队、物资，帮助蒋介石打内战，于是也改变了过去不支持中国共产党的方针，帮助林彪率领的“东北民主联军”。

苏军留在东北，这对于欲发动反共内战的国民党来说，是一种巨大的军事压力。蒋介石在 1946 年 1 月 19 日的日记中有所表示：“本周心情悒郁。既受政协会中共党及其外同之压迫，复受俄军之威胁，而其在东北延不撤兵，最足让人焦虑也。”

宋美龄一向以“第一夫人”身份，表示应从侧面为蒋介石分担责任。蒋介石已同意儿子的建议，蒋经国又是她一心笼络的人，因此硬着头皮答应了太子的请求。宋美龄又被推上了对苏外交的舞台。

蒋介石决定于 1946 年 1 月 22 日派宋美龄作为自己的代表飞往长春，向苏军表示慰问。

宋美龄向来亲美仇苏，要她做一次长途空中旅行，飞到冰天雪地的长春，向素昧平生的苏联军队做言语隔阂的慰问，实在是勉为其难，因此也就没有什么热情，跟前几次访问相比自然大为逊色。

1946年1月下旬，为了表示尊敬，蒋经国专程去重庆迎接，亲自陪同宋美龄前往东北。

1月22日，由空军大队长衣复恩驾驶“美龄号”专机飞往长春。身穿褐色皮大衣、头戴貂皮高统帽，双手袖着貂皮袖筒的宋美龄，由蒋经国搀扶着缓缓走下飞机舷梯，与前来欢迎她的苏联红军总部参谋长等几位高级将领握手后，搭乘苏方提供的黑色防弹大轿车，开往蒋经国特意为宋美龄准备的住处谷公馆休息。陪同前来的有周至柔、董显光、黄仁霖等少数随从人员。

第二天即开始劳军慰问。宋美龄由蒋经国陪同，冒着严寒去苏军总部会见苏军高级将领。仪式非常简单：赠送奖旗、勋章，致慰问词，递上慰问品清单，由苏军参谋长代马林诺夫斯基元帅接受后，苏军总部以酒会形式做了招待。会场气氛严肃得近乎冷淡。也许是因为语言不通，宋美龄在苏联人面前的表现，与她和美军官兵交往时比，判若两人。她在整个劳军过程面无表情，言语很少，慰问词都由蒋经国代读，另由特派员公署第一科长许培尧翻译，完全是例行公事，任务完成后即匆匆返回公馆。

当晚，宋美龄举行宴会，邀请苏军将领数十人出席，由东北行营经济委员会主任张嘉傲、行营副参谋长董产平、东北军元老刘哲以及在长春等候接收的东北各省市的省主席、市长，如关吉玉、杨绰庵、赵君迈等和外交特派员公署科长以上人员作陪。宋美龄即席致辞，表示对苏联军队的感谢和慰问。她祝愿中苏友谊长存，中苏两国和平相处。这些均由蒋经国翻译。也许是伏特加的作用，苏方倒是热情高涨，派出仪仗队、军乐队，又是献花，又是讲话，气氛比白天热烈。

有意思的是，苏方的马林诺夫斯基元帅始终没有出现，苏方的解释是，他因“要事”被召到莫斯科去了。而国民党的东北行营主任熊式辉也因其“反共反苏太表面化”避往北平没有参加活动。如此阵仗，怪不得宋美龄提不起兴致。

在东北，宋美龄的住处由苏联红军负责警卫。她一直小心翼翼，除坐汽车参加规定的仪式程序以外，寸步不出门，亦不接见任何人。对此活动，国民党的报纸也未作多大的宣传。

宋美龄来去匆匆，第三天一早即由蒋经国陪同返回北平。

尽管宋美龄在凛冽的寒风踏雪而行，完成了指定动作，对苏军进行了“亲切的慰问”，但是，7 天过去后，却仍不见苏军撤走。一直拖至 5 月 3 日，苏军才撤出东北。

二十二、马歇尔的客人

抗日战争胜利，举国欢庆。但这种欢腾喜庆的气氛未能维持多久，中国走到了十字路口：内战，还是和平？

蒋介石不顾人民反对一意孤行打内战，因此这位国民党总裁的威望急转直下，国民党政权亦萧瑟如秋风中的落叶，眼看就要掉下去。

已过了天命年龄的宋美龄目击时局，心急如焚，为了夫君，也为了挽救蒋家王朝在中国大陆覆灭的命运——不顾蒋介石和外交部长王世杰的劝阻，执意飞往美国去求援。希望能像几年前罗斯福时代那样受到热烈欢迎，并得到紧急的军事和经济援助。只可惜白宫的主人已易主为杜鲁门，享有“出色的国民外交家”美誉的宋美龄已唤不回当年的风光。

11 月 24 日，时任美国国务卿的马歇尔通知宋美龄：她这次访问美国只能以“私人资格”。

据当时担任国民党政府驻美国大使的顾维钧回忆：1948 年 11 月 26 日他接到在国内的外交部次长叶公超的电话，说宋美龄决定访美，并传达了外交部长王世杰的口头指示（说是经过蒋介石的），共有五点：一是蒋夫人将以私人身份访美，她将应美国各团体的邀请向美国政府中和人民中她的朋友们介绍中国的局势；二是她不得公开露面；三是她将是马歇尔将军夫妇的客人；四是孔家的人，无论长幼，均不得参加她的活动，她的一切活动均需通过驻美大使馆并与之协商安排；五是她将在华盛顿逗留一周至十天，至多不超过两周。在同一天下午，美国国务院新闻发布官麦克德莫特宣布了宋美龄将访美的消息。

11 月 30 日，宋美龄的座机到达旧金山，中国驻纽约领事游建文随行。12 月 1 日，她到达华盛顿。到机场迎接的中国方面有 60 人，美国方面有国务卿马歇尔夫人（马歇尔本人当时正在医院住院观察）、国务院礼宾司官员以及杜鲁门总统的代表兰德里上校等。宋美龄到达时迎接的场面却乱哄哄的。原来的安排是：顾维钧作为国民政府驻美大使，要第一个去迎接宋美龄下飞机。顾维钧在 11 月 30 日打给游建文的电话中说："我将去华盛顿机场飞机舷梯旁迎候，而不进入机舱。"之后是马歇尔夫人、美国国务院礼宾司官员，然后才轮到孔祥熙。再由顾维钧陪同宋美龄与新闻界代表、摄影记者见面寒暄并摄影。但是宋美龄刚一到，孔祥熙就第一个抢上去问候宋美龄，宋美龄不得不同时伸出两只手，右手同孔祥熙握手，左手同顾维钧握手。摄影记者也蜂拥而上，抢拍王世杰的女儿（已是纽约居民）向宋美龄献鲜花的镜头。接着是一片混乱。马歇尔夫人拽着宋美龄的胳臂走向停在飞机旁她自己的车子，同时问宋美龄是否要发表声明，因为后面跟着一大群记者。宋美龄说不讲话了。马歇尔夫人即把宋美龄推入车内。

车子刚要开动，顾维钧跑过去叫司机停住，同时把兰德里上校从人丛中拉来介绍给坐在车上的宋美龄，说明他代表杜鲁门总统，并感谢他到机场来迎接。

游建文本来应该与宋美龄同乘一辆汽车，可载着宋美龄的汽车还没等他上车就开走了。而给游建文派来的车子此时已为宋美龄的女仆和马歇尔夫人女仆占用，两个人都不愿换乘另一辆装有行李的车子。最后其中一个人答应与司机并坐，游建文这才有了个后座。

这种混乱场面预示着宋美龄此行的尴尬。

宋美龄一到美国，就住进了弗吉尼亚州利斯堡马歇尔夫妇的住所。宋美龄此行住进马歇尔家做客人，一是与马歇尔夫妇的情谊很深；二是号称中国问题专家的马歇尔对内阁很有影响力。

马歇尔这位美国五星上将出身的国务卿在美国有很高的威望，他在欧战爆发的当天出任美国陆军参谋长，在随后的 6 年中，作为罗斯福的得力助手，为美国赢得这场战争立下了汗马功劳。英国首相丘吉尔称他为“夺取胜利的组织者”。他还可以称得上是个

“中国通”，是因为曾在 1945 年奉命以总统特使身份到华调停国共矛盾，劝说共产党人到国民政府去当官，并由此建立起中国的所谓联合政府。但是，从不轻易认输的将军却没能最后在中国问题的解决上找到满意的答案。尽管蒋介石对他必恭必敬，宋美龄也对他敬爱备至，可是他向中国提出的政府要求对政治、财政和军事做重大改革减轻人民痛苦等许多建议，既未被拒绝也未见实行，使他对蒋介石政府大感失望。国民党挑起全面内战，马歇尔对蒋介石用军事手段解决问题不以为然，眼看着和谈大门被蒋关闭，仍不死心，多方奔走。但蒋介石决意内战，对其虚与委蛇。马歇尔调处失败，只得卷起铺盖回家。

马歇尔在华期间没有建功立业，却与宋美龄建立了深厚的友谊，这种友谊超越了政治鸿沟，一直维持马歇尔 1959 年去世。

宋美龄与马歇尔最初接触是在 1943 年访问白宫期间，相逢于开罗会议。深受西方文化熏陶的宋美龄与美国人接触时，深谙相处之道，知道如何把自己的最佳特质恰到好处地展现出来。史迪威暴躁，瞧不起蒋介石，称其为“小人物”、“花生米”，与蒋介石发生冲突，最后被蒋挤走，但始终对宋美龄充满着尊敬之情，称她“极有魅力，相当聪慧且有诚意”。打两次交道后，宋美龄已博得了严谨、理性的参谋长的好感。

来华期间，宋美龄不仅对马歇尔照顾得无微不至，而且致函马歇尔带夫人来华，对其也呵护有加，衣、食、住、行精心安排。由于马歇尔夫人年轻时曾学过戏剧，并在职业剧团当过演员，因此与学过文学戏剧的宋美龄很聊得来，由此两人也结下了深厚的友谊。

尽管调处没有成功，但马歇尔给蒋介石带来了巨大的利益，国民党政权得到的美援大幅增加，给蒋介石的武器、物资和借款，在马歇尔调处期间已达到了40亿美元，美国海军陆战队派驻中国的军队高达四五万人。不仅如此，在调处中，马歇尔一再偏袒蒋介石。正因为这些，蒋介石膨胀了打内战的野心。

因此，宋美龄想，她比蒋介石对马歇尔一家人和美国更为熟悉，由她亲自出马把蒋介石和马歇尔之间在中国发生的误会解释开，并向国务卿力陈中国局势的严重性，而中国局势最终会对美国在远东的地位和利益发生重大影响，这样做也许能促使国务卿采取积极的行动。杜鲁门总统钦佩马歇尔，宋美龄又认为华盛顿局面的关键在于马歇尔。

为了和这个能影响总统制定中国政策的关键人物联络感情，宋美龄应马歇尔夫人的邀请，一起去马歇尔的庄园小住，按计划忙碌起来。

12月2日，她与马歇尔夫人去医院探望了病中的马歇尔。当晚，宋美龄接到蒋介石的电报："余有计划，详情即将电告。为此，希推迟会见马歇尔将军。"5日，蒋介石又致电宋美龄，敦促美国政府发表支持中国政府的声明，并说准备"引退让贤"。就在这一天，宋美龄在马歇尔夫人的陪同下再次去医院会面马歇尔，并共进午餐。这两次会面没有达成什么结果。一位记者曾采访宋美龄，问她是否感到有收获。她没有做正面答复，而是反问："有谁见到马歇尔将军而不感到有收获吗？"

事实上，宋美龄也确实感到沮丧。第二天，她让秘书告诉顾维钧，她打算发表一项声明，尽管声明措辞巧妙，但流露出强烈的情绪而且用意明显。熟谙政治的人一眼便可看出，宋美龄对在医院与马歇尔的会谈极为失望。声明草稿说，她来美国未经与中国或美利坚合众国的任何人商量，因为只有尽心报国，心神才得安宁。她还说"我访问的后果由我个人负责，而且只由我一个人负责。"（《顾维钧回忆录》第6卷）

后来，宋美龄又让秘书征求大使的意见，顾维钧表示现在发表声明为时过早，因为她和最高级人物的会谈还没有结束，她还没有会见总统，而且这是一个感情冲动的声明。

宋美龄接受了顾维钧的意见。凭着与马歇尔的老关系，宋美龄自信地认为，等到将军身体恢复健康后，与他继续会谈，通过她的努力，会使他了解建议不被采纳的原因，马歇尔一定会改变看法，重新恢复援助蒋介石政府的努力。

随后几日，两位夫人白天在庄园里的菜地劳动，晚上一起谈论马歇尔将军。宋美龄在马歇尔家住的这阵子，还与马歇尔夫人一起下厨，一起在偌大的花园摘花、剪枝；两位夫人的话题都是以马歇尔为主。马歇尔夫人向宋美龄介绍了自己丈夫的大量生活轶事，她透露说，马歇尔小时候有一撮头发老是盖住前额，因此养成快速甩头的习惯，大家就叫他 FLICKER。马歇尔于 12 月 7 日开刀，宋美龄到医院看他好几次。有一次，宋美龄写了一封长信给马歇尔，信封上幽默地写着："送呈 FLICKER 将军报告。极机密。阅毕即毁。"在这封长信中，宋美龄口吻亲昵、调侃，说她在他家花园做苦力，而他则"躺在丝绸床单上"享受，又说她费了极大的力气种植"荷兰种的大口径水仙花"，并且"除草以防霜冻"；经过这些"令人腰酸背痛"的工作之后，又在厨房"度过悲惨的时刻"，"削马铃薯、煮罐头牛肉、发明了了不起的新沙拉，尝起来味道像泥巴——在密集战斗中肯定可以困扰敌人"。

在信中，宋美龄说她一再以"一介小兵"的身份，向副总司令（马歇尔夫人）要求加薪，却总被当做耳边风；她反而指责"小兵"在此宿营后，两颊晒黑了，肤色好看了，腰围亦显著加大，所以她表示任何有关财务上的要求一概无效。然而，那个"小兵"认为副总司令的答复既不民主，亦欠公正，且有歧视之嫌；所谓肤色好转也许是因结核病而泛红，体重增加可能是患有水肿或是不健康的暴饮暴食症，亦即举世皆知的"大肚子"毛病，这必须加以留意。"到底有无公正可言？""小兵""现向总司令提出 SOS 讯号，赶快撤离丝绸床单！甜蜜的家庭绝不是像这个样子。小兵请求上天对如此非中国式的招待予以作证。我的好友家用调温器经常胡搞一通，忽冷忽热。我要求国会立即按照康纳利参议员的指示关照此事，因有人在清教徒妈妈的土地上做奴工。”

马歇尔看完宋美龄的长信，哈哈大笑，并回信给宋美龄说，他绝不会让第三者看到这封信，不然会损害她的“中国皇后”的名声。

有人评价说，从这封看似游戏文章，字里行间却流露真情的信中，可以察觉宋美龄于平时不苟言笑的马歇尔，确实存在超乎一般人想象的交情。常被批评者形容为中国最专横、傲慢的“第一夫人”，竟会写出如此信函，而且对象是国民党当局视为失去大陆的祸首马歇尔，足以显示了宋美龄在与众多近代美国军政要人交谊中对马歇尔不一般的感情。

宋美龄在马宅长住了两次，马宅客厅所悬挂的名贵大壁画，即是她送的。之后，宋美龄还在她的纽约公寓请马歇尔夫妇吃饭，饭后同往百老汇欣赏《南太平洋》舞台剧。（参见林博文《跨世纪的第一夫人》）

12 月 8 日，是珍珠港事件周年纪念日，美国援华联合总会华盛顿委员会在五月花饭店中国厅举行“义卖”，杜鲁门夫人也应邀出席。宋美龄原打算不露面，但该委员会极力邀请她光临。该委员会主席弗雷德里克·布鲁克夫人还特地请孔令杰做她的工作，驻美大使顾维钧也打电话给宋美龄的随员游建文，请他向宋美龄着重说明美国妇女渴望她表示盛情赞助。于是，宋美龄答应出席，但要求不讲话。但由于布鲁克夫人情绪激动，在致辞中感谢蒋夫人的光临，结果宋美龄不得不临时致辞。评论说："她讲得非常好，说了几句很得体的话"，"讲话使每个人都高兴，并将产生良好的效果"。宋美龄还赠一块锦缎参加义卖。这次"义卖"是打着"援华"的旗号，实质上是地地道道的为了支持蒋介石大打内战，支持蒋介石挽救危局。

二十三、杜鲁门的冷遇

宋美龄此次赴美，为了蒙骗国内舆论，宋美龄还要了个小花招。由于国内的绝大多数国民党人不理解美国对国民党政府的意图和看法，把她的访问看做是美国政府提议的，因而认为宋的访美是美国的关注和援助大有希望的标志。当时的驻美国大使顾维钧就曾写道：蒋夫人可以对国内舆论界说，她的仓促赴美是因为华盛顿希望她去访问。她之所以这样说，部分是为了在国内唤起希望，部分是为了说明她出访有理。

这其实是无奈之举。

但是，非常不妙的是，从一踏上这片土地，她就不断得知，白宫的新主人对华态度非常暧昧。

对于宋美龄的到来，美国总统的确没有表现出丝毫热情。宋美龄下飞机的时候，杜鲁门总统正在举行一个记者招待会。总统讲了不少，但没有提到中国。直到有的在场记者提出问题，他才说他要会见蒋夫人，但尚未安排。杜鲁门对于援华问题未置评论，关于派麦克阿瑟将军去中国的可能性，他断然回答“没有”。同时，白宫的新闻发布官所说的话，给人的印象是他们没有制定接待蒋夫人的任何计划。可见，主人为宋美龄准备的是一条冷板凳。

1948 年 12 月 10 日，即宋美龄到华盛顿的第 10 天，杜鲁门总统终于召见了宋美龄。事先，为了使宋美龄与杜鲁门会见时有所准备，国民党政府驻美大使馆特地将 11 月 24 日顾维钧在白宫同杜鲁门会谈的记录和交给杜鲁门备忘录抄本送给宋美龄参阅。12 月 10 日，宋美龄在接到这些材料后找顾维钧面谈。顾维钧回忆说：“她板着面孔，不像往常那样愉快和自然。大部分时间她让我说话。”

顾维钧主要谈了以下几个问题：一是关于杜鲁门、马歇尔对华态度。顾维钧事先找过杜鲁门，还把蒋介石急需的军用品的清单交给杜鲁门和马歇尔。顾维钧对宋美龄说，美国内阁讨论过“援华”的事，会上马歇尔说了不少话，对此事没有做出决定，会后杜鲁门将“清单”交给国防部处理。顾维钧明确地对宋美龄说：“总统对中国和中国政府是同情的，我们会见时，他向我讲了意味深长的话，他说那天早晨他再度和马歇尔讨论了中国局势问题，而且他仍然愿意支持委员长领导下的中国政府。”顾维钧强调马歇尔与杜鲁门的态度不一样，但杜鲁门很钦佩马歇尔，而且“华盛顿局面的关键在于马歇尔”。二是关于“援华”问题。顾维钧认为：“刻不容缓的是今后三四个月的援助，以稳定我国战局；三年长期计划可稍后再提交国会。”

12月10日下午，宋美龄和杜鲁门进行了重要会谈。杜鲁门看上去对她很客气，实际上对她很冷淡。他请宋美龄进他的书房，给她半个小时为自己的要求进行辩解。宋美龄旧话重提，要求美国：（一）发表支持南京政府“反共救国”的正式宣言；（二）派遣高级军事代表团来华主持反共战争之战略与供应计划的制订工作；（三）提供30亿美元的军事援助。杜鲁门接过话题，开门见山地说：“中美友谊在历史上是留下了重要的一页，但感到抱歉，因为美国只能付给已经承诺的援华计划的40亿美元，这种援助可以继续下去，直到耗完为止，美国不能保证无限期地支持一个无法支持的中国（政府）。”

宋美龄再三向杜鲁门说明中国的苦处，以及中国国民党军队失利原因，正如她日后在母校美国韦尔斯利女子大学讲演中所说的，“中国大陆‘沦陷’的因素很多，但是致命打击只有一个。我们知道当时世界的舆论，大多受了俄共及其爪牙的影响，一致运用宣传的灵活，发表攻击政府袒护中共的言论。他们一定很清楚地记得，当时多少人相信中共只是‘土地改革者’。”但这一回，宋美龄的杰出口才、迷人风度全失了灵，杜鲁门根本就不为之所动。杜鲁门不想迎合卢斯和“院外援华集团”的对外政策，去支持一个行将崩溃的政权。他对这类说词，似乎认为是陈词滥调，了无新意。

宋美龄对美国的冷淡感到很难过。

当宋美龄失望地离开白宫时，记者问她是否有好消息或者她是否将再次会见总统时，她说这要由总统来回答。

晚上 6 点半，白宫副新闻秘书艾尔斯发布消息说："总统说，蒋夫人陈述了中国的情况，他同情地予以倾听。"记者问，总统是否将再次接见她？艾尔斯回答说："无可奉告。"

杜鲁门不仅当时没给宋美龄面子，而且还客气地向报界发表一项声明，透露美国给蒋介石援助总额已超过 38 亿美元，已离美国的承诺援助额很接近。

而宋美龄的尴尬远不止于此。会面以后，杜鲁门在一次回答记者提问时用挖苦的口吻说："她到美国来，是为了再得到一些施舍的。我不愿意像罗斯福那样让她住在白宫，我认为她也不喜欢住在白宫，但是，对她喜欢什么或者不喜欢什么，我是完全不在意的。"

此后，杜鲁门还向他的助手坦率地谈论中国国民党政府中的"贪官和坏蛋"。他说，今天肯定有 10 亿美元的美国贷款，在纽约列入中国人的银行户头。不久，他听说他的估计过于保守了，1949 年 5 月，亦即宋美龄访美后的几个月，美国银行界传出，宋家和孔家确实有 20 亿美元存在曼哈顿。杜鲁门得知后，立即命令联邦调查局进行调查，以便确切了解这些存款的数额和储存地点。这次调查结果直至 1983 年之后才作了部分销密，并且仍然有所保留。通过这次调查，杜鲁门对蒋介石政权彻底失望了。

12 月 27 日，宋美龄还拜会了美国代理国务卿洛维特，重申请求美国政府援华。在官方场合，宋美龄的到来，显得特别尴尬。只有共和党、院外援华集团和卢斯等少数同意帮助蒋介石政权的人，对她的乞援要求表示同情，而更多的官员对此反应极为冷淡。

二十四、无可奈何花落去

宋美龄不甘就此罢休，于1948年12月6日、1949年1月15日连续两次发表公开声明，呼吁美国朝野人士一如既往，救助危难中的国民党政权，以免“大陆陷入中共之手”。然而，响应者仍是寥寥无几。她的一些美国朋友也感到很难堪，他们见识过5年前这位才貌出众的蒋夫人的风光，看到她如今处境如此狼狈，心里不安。但除了不安，也改变不了什么了。

许多观察家认为，民主党的杜鲁门之所以对蒋介石政权抱有浓厚的敌意，除了将中国大陆“变色”的账记在蒋介石身上以外，还和美国总统大选期间，蒋介石明显支持杜鲁门的对手杜威有莫大干系。

1948年为美国总统大选年。在任的杜鲁门的竞选对手为纽约州州长杜威。杜威属共和党，对社会主义国家态度强硬。而杜鲁门的民主党，当时以中间偏左为号召，对独裁的蒋介石集团持某种批评态度。因此，蒋介石对杜威寄予很大希望。蒋介石特命驻美大使顾维钧向杜威授以“吉星勋章”，特派陈立夫赶到美国，以现金支援杜威，并让孔祥熙父子在美国活动，为杜威竞选出力。

“在美养病”的孔祥熙及其子孔令杰也遵从蒋介石的旨意，为杜威的竞选四处奔走，大造舆论。但是，出乎蒋介石的预料，杜威被摒出局，杜鲁门蝉联美国总统。蒋介石押错了赌局，此后发生的一切，真是应了这样一句话：一着不慎，满盘皆输！宋美龄的这次访美，与1942—1943年的那次风靡全美的访问所受的待遇有着天壤之别，除了杜鲁门的个人因素外，最主要的是因为：这次访美与前一次访美虽然都是为了争取美国对中国的援助，但性质完全不同。前一次是为了抗击日本法西斯——也是美国、世界人民的共同敌人，有广泛的民意基础和舆论的普遍支持；这次是为了打内战，是为了蒋家王朝一党一己之利，美国人民如何会支持一个腐败贪污行将垮台的政权？她也不敢大胆肆意活动，很低调。她这次访美结果的失败是必然的。

宋美龄自感“有辱使命”，愤怒之余，想离开美国，一走了之，但又感到无颜归国见“江东父老”。于是这位“纽约荣誉市民”便于1949年1月16日，开始悄悄隐居在纽约里弗代尔独立大道4904号的孔家别墅里，一直到1950年才离美赴台。

宋美龄的美国之行宣告失败，美方国务院发出声明：“美国驻华外交代表与军事代表将最新消息随时向美国政府详细报告。”

（参见《顾维钧回忆录》第六卷）这已暗示宋美龄没有继续留在华盛顿的必要。外交部长王世杰向蒋介石建议，既然夫人已经见到杜鲁门总统，委员长应立即嘱她回国。可是蒋介石回答，蒋夫人已经打来电报告之马歇尔夫人挽留，在马歇尔住院期间，不能丢下她离去。而且她认为马歇尔可能会有所作为。事实上，这不过是马歇尔夫人为了给宋美龄这次不成功的访问留些面子而已。

其实宋美龄访美失败是预料中的必然结局！当她离开南京时，援华的谈判早已在华盛顿、南京和巴黎进行了不短的时间，美国方面对国民党政府的各项要求已经予以详尽讨论。美国的态度和政策显然是坚定不移的，虽然其中一个问题即迅速装运援华物资，在华盛顿和巴黎有些进展，但对其他要求，蒋介石表示希望杜鲁门政府发表一篇支持国民党政府的“坚决的宣言”，以帮助蒋介石维持士气和民心，均被杜鲁门婉言拒绝了。在蒋介石夫妇看来，这都是根据马歇尔意见行事的。因而，尽管“拜会总统以使他了解这些问题并直接向他请求美援是必要的”，但是宋美龄访美的重点是马歇尔而不是杜鲁门，说服马歇尔是宋美龄此行的目的。然而，早在1946年底调处失败时马歇尔曾与蒋介石有一席长谈，他警告蒋介石，内战将导致中国整个经济崩溃，绝不可忽视中共的力量。但蒋介石不以为然，一意孤行。两年后，即宋美龄访美前夕，马歇尔根据收集到的信息已做出判断：“要想在最近的将来削弱中国共产党，使它成为中国一个完全无足轻重的因素……美国就必须在实际上接管中国政府，接管它的经济、军事和行政事宜。但是，中国人对于中国主权遭受侵犯有着强烈的敏感，所有中国人都有强烈的民族主义情绪。与此同时，美国也无法供应大量合格人员，因而有充分理由辨明不宜于策划这种解决办法。”这说明马歇尔正视中国的现实，已感到中国局势已发展到美国无能为力的地步，美国政府特别是马歇尔表示爱莫能助了。所以，无论宋美龄做何解释也不可能起作用，美国人也不会给她任何许诺。宋美龄知其不可为而为之，反映了她性格的坚忍与执著。顾维钧深为宋美龄的精神所感动，说“这是中国进行的一项艰巨工作，夫人承担这项工作很有勇气，充满爱国热诚。”

但是，无可奈何花落去。此时华盛顿外交政策的决策者认为蒋介石已是个扶不起来的阿斗，基于美国自身利益的考虑，1949 年 8 月，美国政府发表中美外交文件，史称“白皮书”。这部长达 1054 页的白皮书进一步表示了对蒋介石政权的失望，把失败的责任全部推给了蒋介石和国民党，表示美国不再支持蒋介石政权。这是美国现实主义外交作风的体现。

美国政府选择在蒋家王朝已面临生死存亡的时刻发表白皮书，表明自己唾弃蒋介石的立场，无异于落井下石，使蒋介石如遭五雷轰顶。蒋经国在看了白皮书后，伤心地说：“说得难听一点，无异是宣布我政府的死亡证明书，同时暗示如何办理后事。”

当时有人劝蒋介石对美国此举发起舆论反击，以争取美国民众支持。蒋介石已考虑到国民党兵败大陆退台后还要仰仗美国，决定采取“打落牙齿和血吞”的策略，故未组织反击，亦未发表个人抗议电，只是令外交部长发一声明，仅表示“对于中美关系白皮书所涉及其他许多重要问题，在意见与论据方面，实有不能不持严重异议之处。”

蒋介石在随后的日记中写道：“耶稣被审判的时候，他是冤枉的，但是他一句话也不说。”

白皮书发表时，宋美龄正在和马歇尔夫妇在纽约市以北的风景区阿迪朗代克一起徜徉山水。宋美龄向美国媒体表示，马歇尔夫妇邀她度假，与白皮书无关。这是掩人耳目，这是马歇尔夫妇无奈中的一个表示：公事国事既已无能为力了，只好在私谊上作一下安抚。

让宋美龄想不到的是，这次踏上美利坚的土地却使她再也无法回到故土了。就在她访美期间，国内政局骤变：1949 年 1 月 21 日她尽力辅佐、维护的丈夫蒋介石已被迫宣布下野，回到老家溪口。4 月 23 日国民党政府的老巢南京被人民解放军攻克。1949 年 12 月 10 日下午 2 时，蒋介石在成都凤凰山机场登机升空，向台湾飞去。能做的只是“俯视眼底大陆河山，心中怆然”。从 1927 年蒋介石在南京成立国民党政府，自任中央政治会议主席、军事委员会委员长以来的 22 年间，虽说他未完全统一过中国，但他始终是左右政治局势的中心人物，是中国实际上的最高统治者。在他飞离大陆的那一刻，意味着蒋介石统治的时代就此结束了。1948 年一别，宋美龄再也没能回到大陆的家，从此远离故土，漂泊异乡。

宋美龄通知顾维钧为她办理返台手续。同时，她也准备好了告别美国的演说词。

1950 年 1 月 9 日，宋美龄强打精神在纽约电台向全美发表了“共赴国难”的演说。她说：

我今天对你们讲话，就是要向你们辞行，谢谢你们亲切的款待。希望我下次再到美国来的时候，空气或许比较更为愉悦，弊国并已自异族侵略者的铁蹄下，重新获得自由了。

每次离开美国，我总不免意绪茫然。我不仅是一个前来访问的旅客，而且我曾在这里度过多年的少女生活，我在这里接受了我的全部教育，也获得了使我能为本国人民服务的许多启示。

几天之后，我就要回到中国去了。我不是回到南京、重庆、上海或广州，我不是回到我们的大陆上去，我要回到我的人民所在地的台湾岛去，台湾是我们一切希望的堡垒，是反抗一个民族蹂躏我国的基地。

不论有无援助，我们一定打下去。我们没有失败，我们数百万同胞正在致力于长期斗争。只要我们一息尚存，只要我们对上帝存有信心，我们就要继续奋斗，无一日无一时不用来为争取自由而奋斗。

我不能再向美国人民要求什么。我在贵国停留的这几个月中，没有发表演说，也没有作过呼吁。我的国家虽然极需你们的援助，但我从未参加求援的竞争。

我要告诉你们我为什么这样缄默。一个国家采取一个正义行动的时候，就和一个人行善一样，必须是出于他的良知，而不是出诸他人的请求或要求。行动有出于仁慈，有出于怜悯，有出于正义。而正义是善，因为它本身是善。

也许你们觉得我骄傲吧？我们的朋友们！我的国家受了屈辱，我的政府现在孤悬海外的岛上，苏格兰的布鲁斯曾由山洞出来和他的人民站在一起，我们也要从岛上出来和我们的人民站在一起。”（转引自李桓编著《宋美龄传》第257页）

演说词充满了失意、伤感和无奈，同时又透着决心，即是表示心迹以自勉，也有对美国人冷漠的愤懑，但字里行间仍然表现出优雅和自尊。

宋美龄于 1950 年 1 月 10 日飞离纽约，次日下午抵达檀香山，她又对新闻媒介表达了如下意愿：“准备付出任何代价。”并对绘图家声称：“你们也许要用红墨水标志中国部分，但我们必定要把这些颜色，滴滴点点，一步一步抹去的。”（李达编著《宋美龄

与台湾》第 87 页)

宋美龄于危难中复归，在高官富贾们纷纷找个退路远离台湾时回到蒋介石身边团聚，对蒋氏家族是一个鼓舞，对蒋介石是一个慰藉。所以，蒋经国奉命专程前往菲律宾首都迎接继母的归来，蒋介石亲临机场迎接。

二十五、始创“度假外交”

1949 年 12 月，溃逃台湾的国民党政府四面楚歌，众叛亲离。美国中央情报局分析指出：如果没有美军的占领和控制，台湾“大约于 1950 年底将置于中国共产党的控制之下”。于是杜鲁门代表美国政府发表了一个抛弃蒋介石及其台湾政权的正式声明，“现在美国无意在台湾获取特别权利或特权或建立军事基地。美国亦不拟使用武装部队干预现在的局势。美国政府不拟遵循任何足以把美国卷入中国内争中的途径。同样美国政府也不拟对在台湾的中国军队供给军事援助或提供意见。”

蒋介石似乎真的被抛弃了，美国的西太平洋防线也把台湾排除在外。蒋介石痛定思痛反省外交政策，提出要自强自立，亲美的宋美龄似乎只能陪丈夫泛舟日月潭了。然而，朝鲜战争爆发了，用江南先生的话来说：“蒋先生意外地得到一张人寿保险单。蓝钦被任命为驻台公使代办台湾外交的职位，军经援助恢复，往昔阮囊羞涩的日子，一去不复返矣。”（江南著《蒋经国传》第263页）远东局势的变化，使偏居台湾一隅的宋美龄得以继续施展她的“外交”才干，为台、美带来了几十年之久的密切关系。

由于朝鲜战争爆发，美国的亚洲政策立即做了彻底的调整。6月25日，美国操纵联合国大会判定北朝鲜为“侵略者”。6月27日，美国操纵联合国大会通过议案，要求联合国成员国“出兵援助”南朝鲜。同日，杜鲁门下令美国第七舰队“阻止对台湾的任何进攻”，从而推翻了他本人6个月前所作的声明。

6月29日，美国第7舰队的6艘驱逐舰、2艘巡洋舰和1艘运输舰，侵入台湾海峡，并即开始游弋，这为蒋家王朝撑起了保护伞，帮助蒋介石度过了难关。但是，美国也对蒋介石的行动作了种种规定：不许台湾当局对大陆进行军事进攻，不许他派兵参加南朝鲜作战，还提出“台、澎地位未定论”。虽然蒋介石需要托庇于美国的保护，但是，蒋介石对美国人的种种限制非常不满，对美的对台政策提出了比较激烈的批评，尤其是对美蓄意制造的“台湾地位未定论”毫不客气地予以公开反驳。他说：“台湾无论在历史上、民族上、地域上，尤其在法律上，都是中国领土的一部分……如果是对台湾地位还有问题的忧虑，那就是杞人忧天，太无常识了。因为台湾是我们抗战胜利后应该从日本手里收回的，是光复故土，而不是占领敌国的占领地可比。”这个涉及中国领土主权的问题，蒋介石是正确的。

为了改变台湾的困境，打开"外交"局面，随着美国大人物即朝鲜战争的联合国军统帅麦克阿瑟将军1950年7月31日的秘密访问台北，商讨台湾出兵的可能性，当风度翩翩的麦克阿瑟对宋美龄行吻手礼时，她决定重新出山，助蒋介石一臂之力。

用什么办法呢？不久后宋美龄受启发有了主意。在一次宴会上，五角大楼军事援助计划负责人奥姆斯特德将军曾经非常友好地告诉顾维钧，运交台湾的军援比例在所有受援者中是最高的，而且他们这些亲蒋的军方人士还将继续催促装运。正是由于这位将军的这番表态，所以当台湾方面得知这位将军将访问远东的消息时，马上有人向蒋介石夫妇建议：给这位将军夫妇发出访台邀请。

从这时开始，蒋氏夫妇邀请大批的美国文武官员前往台湾访问。他们对赴台访问的美国人安排得很是周到，让他们在很短促的时间内看到台湾的方方面面，以便他们回国后敦促本国政府向台湾提供更多的全面援助。据写作《宋美龄大传》的佟静介绍，宋美龄总能使客人们满意而归："她手头总备有贵重的小礼品：银盒子、银盘子、镶嵌珠宝的微型柚木箱子。在一支人数众多但又不让外人见到的工作人员队伍的帮助下，把这些纪念品事先刻上了所送人的名字和简短奥秘的题词。仅此即足以打动西方人，因为在美国客人的普遍生活中绝不会遇到如此讨人喜爱的东方式的微妙礼遇。"

其实，宋美龄帮蒋介石做的“联络感情”的工作不止这些。例如：曾任过美国参谋长联席会议主席的雷德福夫妇每次访台，宋美龄都会请官邸裁缝为雷德福夫人做几件漂亮的旗袍，送上一幅自己的得意画作。

客人受到高度礼遇或度过一个美好的“假期”，当然可以使一些人与蒋介石建立起深厚的“友谊”，也自然会为美蒋关系的改善尽力。的确，美国官员被邀请访台的人中，为蒋介石夫妇及台湾大唱赞歌的不乏其人。

美国前驻俄大使馆蒲立德就是一个。他兴高采烈地对友人讲起他的访台和在台旅居小憩，“他从没有任何地方得到过比这更愉快的休息。真希望能多待几天。他很想在下一个冬天去多住些日子。”（《顾维钧回忆录》第9卷502页）蒲立德还得意地拿出宋美龄画的一幅中国山水画给顾维钧看，上面有蒋介石为他题的词和宋美龄的亲笔签名。

美国军方的蔡斯将军在访台返美后，马上表示：“要敦促当局加速运往台湾有相当数量的装备供应，包括轻武器和一些大炮的弹药业已运到，虽不是新型的，但比没有要强。他说，仍需飞机和重炮。一个雷达系统已经建立起来，虽也不是最新式的，但正在该岛西岸有效地发挥作用。”（同上第513页）同时，他对台湾和所有其他国民党管辖下各岛军队的装备质量的改善颇为赞许。

在中国待了25年的基督教长老会传教士詹姆斯·格雷厄姆博

士，对蒋介石和宋美龄表示出极大的仰慕之情。自从蒋介石退至台湾后，他就不断地讲台湾的好话。他多次发表谈话，主张美国全力援助蒋介石，帮助其实现“反攻大陆”的计划，他甚至还表示过反对美国政府促使台湾“中立化”政策。

对蒋介石赞不绝口的还有美国太平洋舰队的雷德福海军上将。在 1952 年上半年，应蒋氏夫妇的邀请，他访问了台湾，并受到了当局的热烈欢迎。在与蒋介石夫妇会谈后，他获得了极好的印象，同时也非常钦佩蒋介石“领导有方”，并相信台湾的利益也就是美国的利益。

应邀而来的纽约州的杜威州长受到了蒋介石夫妇热情款待，并由宋美龄亲自做翻译。蒋介石通过宋美龄向杜威表达了对美国未邀请中国出席旧金山会议、把中国排除在对日和约之外的不满，蒋介石认为美国在这个问题上所持的态度是对他的侮辱。

随着艾森豪威尔将军的上台执政，美、台关系日见亲密，被邀请访问台湾的人士更多。据台湾出版的 1954 年的年鉴统计：1954 年，访台的美朝野人士和军政官员共计几十人次，其中国会议员、知名人士大有人在。

就在这期间，蒋介石夫妇接待了到台后最高级别的客人——副总统尼克松。1953 年暮春，尼克松夫妇踏上了访台的行程。蒋介石夫妇为他们举行了盛大的欢迎酒会，并进行了长时间的会谈。尼克松虽不认同蒋介石夫妇把共产党赶出大陆的计划，但是仍欣赏他们的智慧和坚持不懈的精神，对宋美龄更是赞不绝口。

在《改变亚洲历史的人物》一书中，他写道：

> 受过卫斯理大学教育的她，是一位优秀的译员。除了具有流利的华语与英语外，她还能完全了解她丈夫的思想，所以她能正确地翻译彼此的谈话。
>
> 蒋夫人除了担任她丈夫的译员外，还具有其他的意义。一般人认为：一位领袖的妻子，系因夫而贵，与个人在历史上的表现无关重要。这种看法，不但忽视一位领袖妻子在幕后所担负的任务，且玷污了领袖妻子所具有的特质和性格。我相信蒋夫人的智慧、说服力与道德力量，已使她成为一位重要的领袖。

尼克松给宋美龄下的结论是：“蒋夫人是一位极文明、美丽整洁、极女性化及极坚强的女人。”

这样的评价是客观的。只要有蒋介石出场的外事活动，总有宋美龄陪伴。在蒋介石接见外宾时，她是夫人，是助手，同时也是翻译。在蒋介石的浙江官话和英语之间，她是最适合的翻译；在蒋介石宴请外宾时，她精通西方礼节，并注意和东方文化相结合，是名实相符的女主人。

除了在重要场合做翻译，宋美龄每天的安排中有一项非常重要的工作，即阅读书报和外来的英文报纸。她同时和一些外交学识深厚、知识广博的专家，不断为蒋介石研阅外国新闻报道和特殊资料以提供参考。在蒋介石身边的一位医生在文章中对宋美龄有这样描述："她常在房间里读书，一读连续五六个小时，一直催吃饭才肯停下来。一本书一下子便看完，每天还看多种报刊杂志，迅速而广泛的掌握国内外的大事和动向。"（台湾《中央日报》1997 年 3 月 20 日）以便在对外交往中，为蒋介石提供咨询与服务。

尼克松因为第一次访问台湾留下了极好的印象，才有日后六度访台的最高记录。

二十六、重返美利坚

蒋介石政权退居台湾这个弹丸小岛后，对美国的依赖与日俱增，宋美龄除了邀请大批的美国文武官员前往台湾访问外，于1952年开始又频频往返于太平洋两岸，千方百计为蒋氏政权争取外援。因此，台湾有人称宋美龄为一部“活的台湾与美国的外交史”。

1952年8月，宋美龄再次踏上美利坚，是去观察美国大选的情况。

这年下半年，美国总统竞选。共和党推出的候选人是五星上将艾森豪威尔。艾森豪威尔准备借助自己在第二次世界大战中担任盟军统帅的威望和因朝鲜战争在美国国内兴起的反共气候，来打击民主党人的对外政策。他的竞选顾问为他准备的竞选报告，重视亚洲和台湾的战略地位，主张“尽可能地利用台湾岛”，以达到美国的太平洋政策的总目标，并认为蒋介石政权是“美国坚定的朋友”。这是让蒋介石夫妇振奋的消息。

11 月，艾森豪威尔果然击败民主党竞选人当选美国第 34 任总统。1953 年 1 月启用在美国政坛以强硬反共著称、“冷战”政策创始人的杜勒斯为国务卿。

留在美国的宋美龄就抓紧时机开始新一轮“外交”攻势，亲自写信给新总统，希望能约定个时间，给她拜会的机会。并让驻美大使顾维钧为她安排宴会和招待会，以便尽可能多见美方重要人物。

很快，宋美龄收到白宫邀请参加 3 月 9 日茶会的请帖。

宋美龄很重视这次茶会。3 月 8 日，一行如期到达了台湾驻美“大使馆”双橡园。她一住进来就与顾维钧商谈她所关心的、希望与艾森豪威尔沟通的话题——美国对台湾的政策，包括军事援助问题和英国在台问题上对美国政府的影响等等。顾维钧介绍情况，谈到美副国务卿强烈要求尽一切可能说服台北接受从缅甸遣返的李弥部队，仰光方面也强烈要求遣返问题，这位副国务卿还说，如果台湾拒绝，就把此事提交联合国。宋美龄完全同意顾维钧的意见，即为了与美合作，特别是由于美方答应过遣返给予财政援助，并协助台湾当局把从缅甸及随后从印度支那遣返的部队改编为两个新的师并予以重新装备，台湾当局应该同意与美国合作，把实施细则交给他们去和缅甸政府谈判，不过要有这样的理解：虽然当局愿尽最大努力予以推动和实现，但由于不能有效控制李弥部队，因而不能保证遣返命令的执行。

接着他们又细致地商讨了在白宫茶会上宋美龄应该对总统说些什么。宋美龄要求顾维钧在谈话中尽力协助她，以便使总统透露一些消息，从而了解他在对“自由中国”的政策方面的态度和意图，以及他希望宋美龄在有关朝鲜冲突和远东的总形势方面做些什么。

翌日，宋美龄仍不放心，又让她外甥孔令杰向顾维钧布置“任务”。孔令杰说，他对蒋夫人和艾森豪威尔的会见有点担心，惟恐没有机会对艾森豪威尔谈一些重要的事情，特别是有关蒋介石成立中美联合参谋部的强烈愿望。成立这个机构是为了制定抵抗中国共产党进攻台湾的计划，以及在必要时达到其他目的。所以特意来要求顾维钧在会见时务必“全力以赴”协助他的姨妈。

遗憾的是，尽管宋美龄和“大使馆”方面做了精心安排，但是此次白宫的新主人却无意谈公事，总统夫妇非常和蔼可亲地迎接着客人，桌上放着精美的食品和饮料，总统很周到地安排着宾主的座次，以求完美无缺。

宾主落座之后，艾森豪威尔谈的是美式中国菜和绘画，还让大家欣赏他的作品。幸好蒋夫人本人和总统都是业余画家，交谈起来倒也很融洽。总统领着宋美龄一路往外走，不断请宋美龄欣赏着白宫走廊中展示的历任总统的画像。

这场宋美龄期望已久的白宫之行，仅仅以礼节性的应酬而告终。宋美龄决定在“大使馆”为她举行的各种形式的招待会、宴会来实现目标。

为宋美龄举行的第一次宴会有许多美国的知名人士出席，例如，众议院议长马丁、新任国防部长威尔逊夫妇、新任司法部长赫伯特·布劳内尔夫妇、新任邮政管理局局长阿瑟·萨默菲尔德夫妇，参议员麦卡伦·弗格森、史密斯·约翰逊和他们的夫人，众议院萧特·富尔顿和他的夫人，女众议员凯瑟琳·圣乔治等。席间，宋美龄大部分时间里同新任国防部长威尔逊谈话，而且谈得兴致勃勃。

回到客厅后，宋美龄再次请威尔逊同她坐在一起，谈他们彼此感兴趣的话题。这位美国国防部长认为，蒋介石提出的建立中美联合参谋部以事先制定出应付突然事变的计划的意见是正确的，而且应该予以实现。他还很客气地征求宋美龄对即将任命雷德福上将为参谋长联席会议主席的意见。宋美龄赞扬了雷德福，并肯定雷德福能够合作。威尔逊对此十分高兴。

宋美龄在宴会中和会客室里与国防部长谈得非常投机，同时又不时地关照着坐在身边的众议院议长，尽力使这位首席客人不感到受了冷落。

宋美龄在宴会上的表现连顾维钧都钦佩，他说宋美龄“感觉灵敏而聪明”，并认为“如果她是一位男子，她很可能是一位第一流的外交家”。

第二天，宋美龄应邀出席了众议院议长马丁为她举行的午宴。

这次午宴宴请的都是美国政界名流，其中包括参议院议长、副总统尼克松、佐治亚州参议员乔治、加利福尼亚州参议员诺兰、科罗拉多州参议员米利金、衣阿华州参议员希肯卢珀、纽约州参议员莱曼，以及众议员周以德、玛格丽特·丘奇、弗朗西丝·博尔顿和凯瑟琳·圣乔治。主人还把曾在卫斯理安学院教过宋美龄英语的丘奇夫人也请到了。宴会厅座无虚席。

宴会的气氛与发言使宋美龄心情十分舒畅，尽管她事前没有准备讲稿，但她仍即席做了一个被人称为中肯而得体的发言。

在“大使馆”与宋美龄的精心安排下，很快又举行了一次答谢宴会也非常圆满。宴会气氛很活跃，许多来宾自愿发言，副总统尼克松也祝酒答谢。宋美龄再一次显示了她的语言能力，“她以非常出色的即席发言，向美国人民表示赞赏、感谢和敬意”，以此结束了这次令她十分满意的晚宴。

宋美龄余兴未尽。3 月 12 日，顾维钧又为她提供了一次机会——冷餐午宴。为的是使宋美龄能够见到她希望见到，而又未能见到的那些朋友。来宾中包括美国国务院、武装部队成员、新闻界代表和社会人士，其中有她的许多老朋友和亲台的“友好人士”。

通过这些活动，宋美龄广泛会晤美方的重要人物，传达了蒋介石和台湾当局的希望与要求，也从中了解了美国政府的对台政策，并广泛交结朋友，这是一次令她十分满意的访问。

从此时开始，美、台关系进入蜜月期。

二十七、“亲善大使”

在20世纪50年代，宋美龄还有两次关键美国之行。一次是在朝鲜战争结束后，蒋氏夫妇不仅破碎了借助战争打回大陆的梦想，而且美国第七舰队随时可能撤出台湾海峡，加上1954年4月在日内瓦召开的由美、苏、中、英、法五国外长参加，讨论和平解决朝鲜问题和恢复印度支那和平问题的国际会议，没有台湾当局代表，再次感觉到风雨飘摇的惶恐，派宋美龄赴美活动，以摆脱困境，争取签订美蒋“共同防御协定”。

第二次是由于美国政府自1955年恢复中美大使级会谈以来，一方面在谈判桌上要求中国放弃使用武力解放台湾，另一方面却在台湾海峡大肆炫耀武力，部署能够携带核弹头的地对地“斗牛士”导弹，还为第七舰队配置核潜艇和“狮子星座第二”导弹，企图以核武器威吓中国人民。受此鼓舞，蒋介石又一次掀动“反攻大陆”的高潮，蒋介石空投特务、轰炸福建、骚扰江浙。宋美龄则以“亲善大使”身份赴美宣传。

在这次访美过程中，宋美龄异常活跃，她在各种公开场合发表了近30次演说和谈话，主题是反共，同时劝说美国人支持蒋介石“反攻大陆”计划。

这一次访美，是1942—1943年访美后最风光的一次，一路鲜花，一路掌声。

宋美龄在6月一踏上美利坚的土地，美国国务院即通知台湾驻美“大使馆”，表示任何时候当宋美龄莅临华盛顿时，艾森豪威尔总统及夫人都希望于白宫设午宴或晚宴款待她，以示欢迎之忱。同时美国国务院提出了六个日期，任由宋美龄从其中选定一个，该六个日期是：6月25日、27日、29日、与7月2日、5日、7日；除了7月5日的白宫午宴早已为英国首相麦克米伦预先排定，而只能以晚宴招待外，其余由宋美龄自行择定。由此可见，白宫主人对宋美龄的这次来访是相当重视的。此时宋美龄却不急于赴总统之宴，先去密歇根州，然后才能转道华盛顿，所以美国国务院提出的六个日子，她都没有选定，而把日子定在7月15日。

宋美龄7月9日由纽约抵达密歇根州安阿堡，是为了接受密歇根大学名誉法学博士学位。当晚该校的新闻学教授就陪着四个台籍学生来见宋美龄，他们向宋美龄询问她对于远东问题的看法，宋美龄对这几位未来的“新闻界人物”非常热情，有问必答。有人称宋美龄回答上述问题既简洁，又明了，且对于学生所提出的问题，都作了一个确切的分析与结论。学生们在报告中称赞宋美龄“能使人留有一种智慧与诚恳的深切印象。从其答复我们的问题时之从容态度中，已使我们知道其对于本国台湾以及世界各国任何问题了解力之强为如何！”（高惠敏编著《中国“第一夫人”》第 143 页）

紧接着，宋美龄参观了该校的电视室，并被邀请到直播间，答复中国现代史问题。还接受了安阿堡职业妇女会社所推选的四人代表团呈送的纪念品。

7 月 11 日，宋美龄在校园观光。她参观学校的附属医院（这是密歇根州最古老的一所医院）、原子实验所以及图书馆。

当晚，在密歇根大学勒卡姆会堂的一个隆重典礼中，宋美龄成为该大学的名誉法学博士，并登台发表了题为《生存与容忍》的长篇演说。

“反共”，一直是台湾当局用以牵动美国政府的一根政治杠杆。宋美龄每次到美国，必定要处处利用这个杠杆。这一次她也不忘这一使命——提醒人们不要忘记“反共”。她说：“由于若干知识分子对于现代战争的恐怖过分忧虑，以致使我们自幼受教育时所珍视逾恒的自由和人性尊严的价值，反而退居其次，不如个体生存为重要！……一些颇具智力人士，竟然让他们自己纠缠在诸如缓和紧张局势、绥靖姑息以至奴役胜似毁灭这些论调之中，而无法自解！”只知幻想着如何苟延生命，这实在太不幸！这些知识分子……将需要和平与不惜任何代价的生存混为一谈！他们抹煞了和平也许会不自觉地污辱一向是反抗专制原动力的人性尊严的原则！他们不知道倘若整个世界竟完全为黑暗所笼罩的话，这将是因为他们摧毁了战斗的意志，才使共党得以征服世界！

据说，在她演讲时，整个会堂拥挤不堪，连走廊上也站得水泄不通，无法插足。宋美龄演说完毕，得到了听众热烈而持久的欢呼，竟使主持人无法控制这一场面。据该校校监说，在密歇根大学近50年历史中，还没有任何一个演说者受到如此热烈的欢迎。(转引自佟静的《宋美龄大传》下，第711页)

7月13日，宋美龄又赶往新奥尔良，和她在抗战中结下深厚情谊的老朋友陈纳德将军此时已是生命垂危。

宋美龄飞抵新奥尔良时，路易斯安那州的前任州长夫妇、新奥尔良市市长、路易斯安那州的防卫军司令、陈纳德将军的夫人陈香梅女士以及台籍学生等团体的代表，均赴机场迎接。宋美龄一下飞机，与欢迎的人们稍做寒暄之后，就直奔医院探望她一直关心着的老朋友。陈纳德深为感动与欣愉，因为他的“公主”不辞长途跋涉，前来看望他。

宋美龄带来了蒋介石致的手书，要他安心静养，若西医无法医治，可以到台北试试中医。陈纳德当时的癌细胞已蔓延到了喉部，不能说话，只能笔谈。宋美龄风趣地说：“你平时话说得太多了，今天你不要说，让我来说。”

宋美龄询问了陈纳德的病状，多方安慰，并鼓励他说："你有奇妙的战斗精神，你从来未被打败过——的确未被日本击败！"陈纳德露出了会心的笑容。

陪同宋美龄来的有董显光夫妇、路易斯安那州的众议员和前任州长等，他们对宋美龄不远万里，前来向老友话别都极为感动。陈纳德虽然后来升为三星中将，但宋美龄二十年如一日一直称他为"上校"，因为他领导飞虎队时，军阶是上校。

宋美龄探视之后，先后出席了前任州长和现任州长等为她准备的宴会。新奥尔良市长赠送宋美龄新奥尔良市金钥匙一把和名誉公民证书。

翌日早晨，宋美龄在上飞机前，再度赴医院探望了陈将军。但她没有料到的是这次会晤，竟是最后一别。十天之后，67 岁的陈纳德去世了，宋美龄和许多美国军政要人一同参加了他的葬礼。素车白马，极尽哀荣。7 年之后，宋美龄在台北为陈纳德竖起一座铜像，并亲自到场剪彩。

宋美龄仿佛又回到了罗斯福时代。华盛顿的各家报纸均以大量篇幅并配有照片竞相报道宋美龄的行踪，《华盛顿明星报》于其妇女栏内刊载宋美龄头戴博士帽，身着博士服，微笑着接受密歇根大学校长所颁发的荣誉学位证书的照片。《华盛顿邮报》也在妇女栏中刊出宋美龄抵达底特律机场接受密歇根大学台籍女生吴丽雅献花的照片。该报同日又刊出宋美龄在密歇根大学特别典礼中的演说词。《巴尔摩尔太阳报》也以显著篇幅转载美联社播发的宋美龄的演说词。

宋美龄探望病中的陈纳德的照片与消息也纷纷出现在报端。《华盛顿明星报》以第一版三直行的地位，刊登美联社发出的宋美龄在奥克斯勒基地医院探望飞虎将军的照片。《巴尔摩尔太阳报》与《菲列得尔菲亚报》均以三直行的尺寸登着同样的照片。《华盛顿每日新闻》则刊出了陈纳德夫人欢迎宋美龄抵达新奥尔良的照片。

纽约的一份天主教周刊于 7 月 19 日登出宋美龄的演讲词以及如下的社评：

> 我们很高兴地刊出上星期蒋夫人于接受密歇根大学荣誉学位的特别典礼中的演说词……她发出了一篇针对现实的适时讲话，最使我们感动的就是她坚定地明辨是非，她谨遵着人性尊严的箴言，以及她对于今日流行于国际关系间的妥协主义的厌恶。这位雄辩滔滔的中国杰出的女性，贡献出很多善意和有益的忠告，很多合乎逻辑的理论，以及值得研究并遵从的原则。

当宋美龄到达华盛顿之时，《华盛顿明星报》马上进行了报道。

7月15日，艾森豪威尔总统及其夫人于白宫为宋美龄举行了盛大欢迎午宴。宾客中有：美国国务卿杜勒斯夫妇，卫生、教育、福利部长福尔森，参谋长联席会议主席雷德福上将夫妇，纽约城魏尔契主教，宋美龄的母校卫斯理安学院的院长等。并请了美国海军乐队在午宴前与午宴后奏乐曲助兴。午宴使用了金餐具，而且所有这些金餐具都是门罗总统任内所购置的。据说，在艾森豪威尔总统任职期内，使用金餐具的隆重宴会只有两次，这是第二次。午宴结束后，艾森豪威尔夫妇亲自把宋美龄送出白宫大门。

接着，台湾驻美国“大使”董显光夫妇又为宋美龄举行了一个盛大的欢迎会，参加的人数达1500人。来宾包括：白宫官员、内阁成员、最高法院法官、参众两院议员、国防部官员及许多国家的驻美使节，还有社会名流、报界人士以及华侨团体代表。

在出席此次酒会的宾客中，有一个特别引人注目的女宾——马歇尔夫人，由于马歇尔将军健康欠佳，所以派夫人做代表。马歇尔夫人特别从弗吉尼亚的里士满赶来会晤宋美龄，亲自邀请她到其住所做客，并会晤马歇尔将军。

正当宋美龄在美国积极活动之际，8月17日，中共中央在北戴河会议上，决定炮击金门，攻而不取，以隆隆的炮声来打击蒋、宋的嚣张气焰，回答美国的核讹诈，粉碎美国“划峡而治”制造“两个中国”的阴谋。这次“直接对蒋，间接对美”的炮击从23日下午6时开始，在85分钟内，3万发炮弹从天而降，在翠谷湖岸桥头谈天的国民党3个金门防卫副司令当即被击中而灰飞烟灭。炮击一直延续到10月25日，共发炮47万余发，金门国民党军队遭受重大伤亡。

8月27日、9月4日，蒋介石两次致电美国总统艾森豪威尔，要求西方国家尤其是美国立即采取有效行动。在美国的宋美龄感到自己责任重大，在美国各地奔波，加紧了她的“反共”宣传。从金门炮战开始到1958年底，她公开演说达7次。在这一系列演说中，宋美龄不厌其烦地攻击斯大林、赫鲁晓夫所执行的政策，也讲金门炮战和台海关系，宣称决不放弃金门、马祖。对于中国大陆推行的“大跃进”、“人民公社化”运动，她更是不遗余力地予以攻击。与此同时，她还介绍了台湾“解决土地问题及改善农村的状况”，所有这一切，都是为了争取岛内外“反共”势力的支持，帮助蒋介石“反攻大陆”做舆论准备。

1959年6月14日，在返台途中，宋美龄接受了夏威夷大学的荣誉法学博士学位。在仪式上，她做了题为《思想模拟之害》的讲演，主题仍然是“反共”。

宋美龄这次赴美，前后住了14个月，在美国各地所受到了犹如众星拱月的接待，白宫午宴更是宾主尽欢，这是由于宋美龄的出现迎合了冷战时期美国人的反共情绪。但是外交是内政的延长，美国人永远是现实主义者。在金门炮击后，美国人没有应宋美龄的要求，协助与支持她丈夫实施“反攻大陆”的计划，因为美国一直的观点是希望蒋介石军队从金门、马祖撤走，从而分离台湾，划峡而治，制造“两个中国”，此时更不会卷入一场可能导致世界大战的中国内战。因此，反而在 1958 年 9 月 15 日开始与中国共产党在波兰华沙进行接触性谈判。中方要求美国从台湾撤兵，美方则主张中方首先停止炮击。虽然各不相让，没有达成什么实质性协议，但中、美开始接触讨论台湾问题，为日后中美关系正常化打下了基础。

华沙会谈后，10 月 23 日，美国派杜勒斯率领一个代表团到台湾与蒋介石进行会谈。在美国的压力下，蒋介石放弃武力“反攻大陆”计划，而采用三民主义的方式来完成“恢复中国自由的目标”。美国也做出让步，同意金、马与台、澎在防卫上“有密切的关联”，不再坚持要国民党从金门、马祖等撤出。没有美国的支持，武力“反攻大陆”只是蒋介石、宋美龄心中的一个梦想。

第二次台湾海峡危机过去，海峡局势趋于缓和。

中国共产党人却从美、蒋矛盾中发现了和平解决台湾问题的契机，开始发动和平攻势。章士钊受毛泽东、周恩来委托给蒋介石的一封信，句末“奉化之墓庐依然，溪口之花草无恙”常让蒋氏夫妇沉思。

二十八、最后的演出

1965年8月，蒋介石派宋美龄到美国进行访问。这是宋美龄最后一次以“第一夫人”的身份出现在华盛顿。

1965年8月，当时台北驻美“大使”周书楷接台湾密电，为答谢美国约翰逊1961年5月赴台与蒋介石三度聚谈之行，以及1963年11月约翰逊任美国总统以后对台湾的支持，宋美龄即将赴美访问。

宋美龄再度出山有其背景。1963年，蒋介石以中苏关系恶化为契机，叫嚷反攻大陆，没有得到美国应和。1964年10月，中国第一颗原子弹试爆成功，成为世界上第五个拥有核武器的国家。蒋介石忧心如焚，一再要求美国一举摧毁中国的核设施。蒋介石还提出由国民党军进攻中国大陆的5个省份，以配合美国在越南战场的攻势。所有这些建议均遭到美国总统约翰逊的拒绝。中华人民共和国的崛起已不能不为国际社会重视。1964年1月，法国承认了新中国。美国对华政策受到各方面日趋激烈的批评，国际政治的现实使华盛顿改变态度。约翰逊提出了对中共“封锁而不孤立”的政策。1965 年 2 月 6 日，负责远东事务的副国务卿格林表示希望扩展美国与中国大陆的关系，在对台政策上采取既承认台湾当局，信守条约义务，这反映了美国政府以“两个中国”为其对华政策的基点。在这种情况下，宋美龄于 1965 年 8 月 22 日自台北赴美。

9 月 7 日，她乘专列从纽约来到华盛顿，受到国务卿腊斯克夫人的欢迎。宋美岭乘高级轿车来到专门为她租用的时髦而漂亮的大厦。几乎同时，蒋经国应邀访美。

当日，她在台北驻美“大使”周书楷陪同下，在“大使馆”接见了台湾驻华盛顿所有官员及眷属。此时的宋美龄，被人形容成：彬彬有礼、态度亲切，毫无炫耀的“第一夫人”的官态，像是一位和蔼可亲的学者与人交谈。（周谷：《中外杂志》1994 年第 7 期第 93 页）

约翰逊政府以“元首夫人”礼节接待了宋美龄，白宫的红地毯终于再次为她铺开。随后台湾“大使馆”为了她举行了有 1500 名重要的政客和“院外援华集团”的说客们参加的招待会。宋美龄成了招待会当然的主宾。

在华盛顿期间，宋美龄与美国各方要人频繁接触，她与埃德加·胡佛、最高法院官拜伦·怀特、参议员托马斯·多德等人接触频繁；在白宫，她与伯德夫人一起喝茶，与林顿·约翰逊促膝交谈。约翰逊总统夫人亲自用茶点招待宋美龄，约翰逊还特地步行至其夫人办公室与宋美龄密谈了20分钟。

宋美龄在一场接一场的谈话中断言，只要美国向国民党提供武器，国民党就能“独自收复”中国大陆。蒋介石在会见美联社的记者时也强调：“我们可以利用自己的力量反攻大陆，没有必要求助美国的军队。我们不想让美国卷入任何战争。在中国大陆，它是我们和中共之间的事。一旦我们回到大陆，我们就有了足够的力量。”（〔美〕布莱恩·克罗泽著《蒋介石》第291页）

在各种场合，她竭力贬损中国大陆声誉，制造舆论，企图阻止美、中关系改善，阻挠中华人民共和国恢复联合国合法席位。

朝鲜战争结束后，新中国的国际形象和地位有了显著提高，得到越来越多的中立国与西方国家的承认与支持。在联合国常任理事国苏联的一再提议与支持下，中华人民共和国进入联合国的问题得到了越来越多国家的关注。而早在1952年8月访美时，宋美龄就在华盛顿创建了“中国游说团”，宗旨是阻挠中华人民共和国进入联合国，后来游说团改名为“支持自由中国委员会”。其成员有美国参、众议员和一些三军将领及许多实业界巨头。有些知名华侨、华人出于对中国共产党的误解，对孙中山爱国情操的崇敬，对“中华民国”称号的依恋，加之误信了宋美龄和台湾当局的宣传，也加入了游说团。

由于宋美龄指挥着一些人千方百计游说于美国朝野和一些国家驻美使节，拼命扩大台湾的“外交”关系，以争取增加联合国中支持台湾席位的票数。拉美集团在联合国和其他国际组织中占有20—21 票，居于十分重要的地位。台湾方面首先争取哥伦比亚。因为尽管哥伦比亚是个小国，但它能为台湾的地位争取其他拉美国家的支持。

正是在宋美龄一行人的活动下，在美国亲台议员们强大压力下，白宫当权者排斥新中国的政策得以继续。杜勒斯转而表示，美国政府不仅无意承认共产党中国，甚至也无意考虑这个问题，至于接纳北京进入联合国问题，美国政府同样予以反对。艾森豪威尔也在 1954 年国情咨文中表态：继续在经济、军事上援助台湾当局。

台湾出版的《蒋夫人与元老派》称：“一般相信，蒋夫人在历次联合国会议中国代表权的保卫战中出过大力。联合国自秘书长哈玛绍赖以来即倾向主张中共入会。……能抵挡这股国际逆流达十数年之久确属不易。”

在美国广播公司《问题与答案》电视节目记者访问她时，她一方面承认台北实际上并不代表中国大陆的大部分中国人民，但表示不能想象一旦投票，台北不能在安理会中享有常任席位的情况。蒋介石曾接到关于接纳新中国进入联合国问题报告时，勃然大怒，称不能容忍。他吩咐部下转告台湾“驻联合国代表”蒋廷黻向联合国声明，如果红色中国被接纳，台湾当局就退出。但对美国制造“两个中国”的做法，不但中国共产党坚决反对，蒋介石、宋美龄也毫不含糊。在1955年2月26日，宋美龄接见美《克利夫兰新闻报》记者时，就坚定地说：“‘两个中国’政策很像信奉两个上帝。”

蒋介石与美国在政治目标上是有根本差异的，美国在台湾问题上的一系列活动以及政策都旨在导向“两个中国”的目标，使美国既不用卷入中国内战，又能够永久地利用台湾的战略价值；而蒋介石“反攻大陆”的目标，还是在追求“一个中国”的目标。毛泽东把美、蒋的关系概括为“错结连理”。

这次访美宋美龄感觉到台湾在美国地位已江河日下，一改以往的那种乐观与委婉，而是直接批评美国外交政策的怯懦。10月21日，在旧金山联邦联谊会上她发表演说，警告美国当局要“小心”，“不要走上耻辱之路”。

而约翰逊政府以低调处理“反攻大陆”的问题，美国新闻界也以低调处理宋美龄访美消息，《时代》杂志记者甚至在演讲会中中途离席。

与这片冷暖人情对照的，是韦尔斯利对重返母校学子的热情接待。

在访美期间，她应邀到她的母校韦尔斯利学院，向学生们发表纪念珍珠港事件的演说。她像当年一样侃侃而谈。克莱普女士在会上称赞说："夫人的影响力，促成了本世纪许多重要事件。"

是的，时代变了，美国的当政者换了，宋美龄老了，美国听众对陈词滥调也失去兴趣了，宋美龄身上的光环开始黯淡，只有在咀嚼历史时才能够捕捉到昔日辉煌的影子，博得属于她的掌声和喝彩。后随着台湾被驱逐出联合国，宋美龄已无"外"可"交"了。1966 年 10 月回台湾后，已经 69 岁的宋美龄，健康状况不断出现问题，从那以后，她的所有美国之行，大多是为了治疗疾病。外交事务在她的生活中慢慢淡化。一代外交奇才告别外交生涯，在国际舞台谢幕了。

二十九、历史的回声（为胜利干杯）

1995年7月26日，已98岁的“历史人物”宋美龄又一次成了美国新闻人物。

这位近百岁的老人在家人簇拥下，顶着骄阳，进行了“历史性华府之旅”。这一天宋美龄应美国国会之邀，前往国会山庄，出席了为庆祝第二次世界大战结束50周年而为她举行的敬酒会。

1975年蒋介石逝世后，宋美龄以“赴美就医”为名，长居纽约。1986年为支持蒋经国改革，返回台湾。1991年9月再度赴美，岛内媒体称她带走了“蒋家王朝的最后一片云”。在与世隔绝了多年后，在庆祝第二次世界大战结束50周年这个特殊的日子，美国的老朋友们请出了曾经休戚与共、为反法西斯事业做出杰出贡献的宋美龄，作为最好的纪念方式。宋美龄以外国平民身份获得了美国国会致敬酒会的殊荣，这是罕见的。在国会参议院罗素大楼致敬会场及双橡园的历史性照片，记录了这一幕。

这一次她还是乘坐专机来到华盛顿的。从步出专机的那一刻起，宋美龄就展现了过人的体力，在平地上她不坐轮椅，坐着接受中外人士致意时，她也频频起身答谢。在孙子蒋孝勇及孔令杰之子的搀扶下步出户外，高声向美国各地、侨界及从台湾赶来的人们问安，并不时含笑挥舞手帕，以飞吻致意。

下午2点左右，宋美龄来到台北“驻美代表处”双橡园休憩，路上受到700多名侨界人士夹道欢迎。

由美国参议员赛门主持的致敬酒会在罗素大楼二楼举行。宋美龄于5时到达，在扶持下步入会场，她身穿枣红黑底条纹旗袍，外罩黑白相间披肩，胸前别着蝴蝶形翠玉，搭配翡翠耳环与手镯，神情愉快。主持人赛门在致欢迎词时表示，很荣幸能在第二次世界大战结束50周年时，有机会向二次大战硕果仅存的重要人物致敬。他说，宋美龄的光临让大家得以重温历史。在场的29位参议员、16位众议员分别来到酒会会场向宋美龄表达了敬意。参议员赛蒙德、罗布、穆考斯基、格伦、辛普森、汤玛斯、裴尔、赛门以及众议员杜南、佛雷塞等，前美国国防部长温伯格以及政府官员波顿、所罗门、华克、赵小兰等与会。这些人都有一段与中国、与蒋介石、与宋美龄之间的故事，他们怀着深深的敬意向宋美龄致敬。

采访酒会的新闻记者人数众多，他们分别来自美国、欧洲、日本、韩国等许多国家以及中国的台湾，共有100余人。

光阴似箭，距离上次在美国国会的演说已经52年了。重返华府，宋美龄在国会致敬会上的答谢词亲切而真挚：

杜尔参议员、赛门参议员、各位女士、各位先生：

首先我要表达我的欣喜心情，因为诸位还能记得战时盟友中国的一位老朋友。

1943年2月18日，我应美国国会之邀，向参、众两院发表演说。当时我曾说，我年少即负笈美国，在美国成长，并在美国完成了大学学业。因此，我一直把美国视为我的第二故乡，今天能够回家，自是非常欣喜。

容我提请诸位回想1937年至1945年那段岁月，1937年7月7日，日本对中国发动全面战争。而在日本全面侵略中国的前4年半里，中国孤立无援地独立抗战。一直到日本于1941年12月7日发动珍珠港事变，美国第77届国会对日本宣战后，中美两国才结为盟邦，两国的同心协力，奠定了第二次世界大战终在1945年获得最后胜利的坚实基础。

在我与诸位共同纪念第二次世界大战结束50周年的此一伟大历史性时刻，我无法不想到那次战争的悲剧以及那些血泪交织的岁月，更无法忘怀中美两国人民并肩作战的道德勇气。我也要藉此机会，对美国人民以精神及物质援助我的国家，表达衷心感谢。

最后，我祝福各位健康、快乐及成功。愿上帝保佑诸位。

致敬会现场的一位美联社的资深记者说：“我觉得她的腔调及咬字比撒切尔夫人的演说还要吸引人、有力。”

前美国总统尼克松之女翠西亚在夫婿陪同下，也参加了致敬会。大约 40 年前，宋美龄至他们家中拜访时，她只有 9 岁，她请宋美龄在宾客签名簿签字，宋美龄特地写上了：“给我的小朋友翠西亚。”翠西亚一直珍惜这个经历。

7 名热爱中国的飞虎队成员也出席了致敬会。他们个个精神饱满、兴致勃勃，看到华人就用中文说“你好”、“我会说中国话”等，成为会场引人注目的一群。

曾任 14 航空队协会会长的美国空军上尉副官黎满伦，在会场拿着他当年的中文名片给大家欣赏。他还带来了飞虎队成员赠给宋美龄的纪念牌。

当天下午 6 点半，双橡园又为她举行了欢迎茶会。出席的大都是宋美龄的旧部好友们，如夏功权、郝柏村、要澄枝、孔令晟、许历农、辜严倬云等 300 余人。

傍晚 7 时，宋美龄出席完国会山庄的致敬会后赶到会场，双橡园楼邸入口处铺设了红地毯，地毯一直铺到了礼车的右后门，但宋美龄却选择从礼车左后门下车，在孙子蒋孝勇等人的搀扶下，走向来自美国的侨界代表和台湾来的故旧们。“妇联会”秘书长辜严倬云、中国国民党“妇工会”主任要澄枝和“黄埔同心”会代表，分赠礼物、纪念品给宋美龄，她接过这些礼物，非常开心，直说“不敢当”。接受与会人士的致敬后，她离开双橡园赴机场搭专机返回纽约。

对国会山庄和双橡园的活动，中华人民共和国驻美大使馆的态度为，一是没有对这位曾经扬名于国际的“中华民国第一夫人”作任何负面评论；二是中国大使馆重申其外交部发言人日前的谈话，只着重于提醒美国国会议员，不要借此活动制造“两个中国”。倒是“台湾人公共事务所”发表申明，指责美国国会参议员赛门、杜尔不该发起此一致敬活动。

返回纽约寓所后，宋美龄很感动，内心非常欣慰。她特别交代孙子蒋孝勇代她向朋友们诚恳致谢，感谢大家这次在美国国会、双橡园两处致敬会中对她表现的爱戴与关怀，并由衷祝福大家。

对于久未露面的98岁的宋美龄出席这样一个荣耀的酒会，在华府停留了7个小时，与会的台湾人士有如下记述：高贵典雅的气质，迷人的风范，未因岁月飞逝而稍减分毫，她举止从容，言态镇定，处处展露风格天成的“领袖”风采，“她依然是受人敬爱的世界‘领袖’，高贵妇人”，“与会的中外人士，对她的美丽、健康、风采依旧最为赞叹欣喜，啧啧称奇，大家都忍不住相互重述所感，喜极泪下”。百年美龄，不老的美龄，依然风采迷人，这是宋美龄留在国际舞台上的最后形象。8 年后，斯人乘鹤而去，她留给大家的是酒会上的祝福，国际友人对她表示的是尊敬与怀念。

主要参考文献

袁伟等选编：《宋美龄自述》，团结出版社 2004 年版

王丰：《美丽与哀愁》，团结出版社 1998 年版

谭一青：《蒋介石与美国》，中国青年出版社 2003 年版

傅启学著：《中国外交史》，台北商务印书馆 1982 年版

石源华著：《中华民国外交史》，上海人民出版社 1994 年版

苏格著：《美国对华政策与台湾问题》，世界知识出版社 1998 年版

陈志奇著：《美国对华政策三十年》，台湾中华日报社 1981 年版

中国国民党中央委员会党史委员会编印：《战时外交》（三），台北 1981 年版

〔美〕罗斯福：《罗斯福选集》中译本，商务印书馆 1982 年版

〔美〕伊利奥·罗斯福著：《罗斯福见闻秘录》，中国人民解放军总参谋部 1959 年版

〔美〕巴巴拉·塔奇曼著：《史迪威与美国在华经验》，商务印

书馆 1985 年版

〔英〕丘吉尔：《第二次世界大战回忆录》中译本，商务印书馆 1975 年版

顾维钧著：《顾维钧回忆录》，中华书局 1989 年版

佟静著：《宋美龄大传》，团结出版社 2002 年版

〔美〕埃米莉·哈恩著：《宋氏家族》，新华出版社 1985 年版

〔美〕斯特林·西格雷夫著：《宋家王朝》，中国文联出版公司 1986 年版

李敖著：《蒋介石研究》，华文出版社 1988 年版

刘红著：《蒋介石大传》，团结出版社 2001 年版

陈启文著：《宋美龄传》，中国文联出版公司 1988 年版

何虎生等著：《宋美龄大传》，华文出版社 2002 年版

李艳编著：《风雨五十年——蒋介石与宋美龄》，团结出版社 2005 年版

杨树标等著：《百年宋美龄》，江西人民出版社 2000 年版

吴金良等著：《蒋氏家族全传》，中国文史出版社 1997 年版

李玉刚主编：《西方使节与蒋介石政权》，宇航出版社 1997 年版

江涛著：《抗战时期的蒋介石》，华文出版社 2005 年版

王真著：《抗日战争与中国的国际地位》，社会科学文献出版社 2003 年版

图书在版编目（CIP）数据

外交的绝响：宋美龄在1943 / 阳雨著. —北京：东方出版社，2013.11

ISBN 978-7-5060-6572-6

Ⅰ.①外…　Ⅱ.①阳…　Ⅲ.宋美龄(1899~2003)—生平事迹
Ⅳ.①K827=7

中国版本图书馆CIP数据核字（2013）第282385号

外交的绝响：宋美龄在1943
(WAI JIAO DE JUE XIANG：SONG MEI LING ZAI 1943)
阳雨　著

责任编辑：李　斌　陈　密
出　　版：东方出版社
发　　行：人民东方出版传媒有限公司
地　　址：北京市东城区朝阳门内大街192号
邮政编码：100010
印　　刷：三河市金泰源印装厂
版　　次：2013年12月第1版
印　　次：2014年3月北京第2次印刷
开　　本：710毫米×1000毫米　1/16
印　　张：13.75　彩插28面
字　　数：155千字
书　　号：ISBN 978-7-5060-6572-6
定　　价：38.00元
发行电话：(010) 65210059　65210060　65210062　65210063
